COURS

D'HYDROGRAPHIE,

OU

DE NAVIGATION.

TOME PREMIER.

COURS D'HYDROGRAPHIE,

OU

DE NAVIGATION,

Profeſſé à Paris , & mis à la portée de tous les Navigateurs ;

Par M. DE LASSALE, Profeſſeur de Mathématiques & d'Aſtronomie.

TOME PREMIER.

A PARIS;

Chez ROYEZ, Libraire , Quai des Auguſtins, à la deſcente du Pont-Neuf.

M. DCC. LXXXVII.

AVEC APPROBATION, ET PRIVILEGE DU ROI.

FAUTES ESSENTIELLES

A CORRIGER

avant de lire cet Ouvrage.

TOME I.

Page 3, *ligne* 28, ces deux, *lisez* de deux.

9, *lig.* 3, dernières, *lisez* derniers.

9, *lig.* 24, voix, *lisez* voie.

13, *lig.* 12, la seconde, *lisez* les secondes.

15, *lig.* 1, 4, *lisez* 64.

17, *lig.* 4, séparée, *lisez* séparé.

19, *lig.* 13, logarith. de ce nombre, *lisez* ce nombre.

28, *à la marge,* (fig. 8.) *lisez* (fig. 6.)

31, *lig.* 9, AD, *lisez* CAD.

37, *lig.* 23, réduit, *lisez* déduit.

42, *lig.* 17, GHI, *lisez* GDE.

43 & 44, *lisez à la marge* (fig. 25.)

54, *lig.* 4, & par conséquent, *lisez* & sont par conséquent.

64, *lig.* 12, $AD + BC \times AE$, *lisez* $\dfrac{AD + BC \times AE}{2}$.

64, *lig.* 28, (fig. 33.) *lisez* (fig. 32.)

82, *lig.* 15, (fig. 54.) *lisez* 51.)

91, *lig.* 13, *à la marge,* (fig. 57.) *lisez* (fig. 53.)

106, *lig.* 27, de l'angle AG, *lisez* l'angle GAH.

113, *lig.* 6, *au lieu de* la longitude & la latitude, *lisez seulement* la longitude.

Page 210, ligne 21.

lisez HO : HL :: co-s. OHL : R, ou :: sin. OLH : R
au lieu de HO : HI :: co-s. OHI : R, ou :: sin. OIH : R.

216 & 217, *à la marge* (fig. 77.) *lisez* (fig. 68.)

a iij

EXPLICATION

des Signes employés dans le cours de cet Ouvrage.

$\left\{\begin{array}{l}\end{array}\right.$

= signifie *égal à*, ou *égale*.
+ signifie *plus*.
— signifie *moins*.
× signifie *multiplié par*.
〉 signifie *plus grand que*.
〈 signifie *plus petit que*.

DISCOURS PRÉLIMINAIRE.

L'Ouvrage que je publie aujourd'hui, eſt ce même *Cours d'Hydrographie* que je donne à Paris depuis 1784. Ce ſont exactement les mêmes objets & dans le même ordre ; la ſeule différence qu'il y a, c'eſt qu'ici tout eſt traité par la voie la plus ſimple de la ſynthèſe, afin qu'il n'y ait rien qui ne ſoit à la portée de tous les navigateurs : au lieu que dans mes leçons publiques, je ſuis obligé de m'écarter quelquefois de cette route, & de prendre celle de l'analyſe, pour être au goût du petit nombre de mes Auditeurs.

On ſera peut être ſurpris que dans une ville comme Paris, reculée de la mer, je m'occupe de navigation ; mais on le ſera bien plus encore, ſi l'on conſidère que, dans cette capitale d'un des plus puiſſants Etats maritimes de l'Europe, il y a des Cours publics pour toutes les connoiſſances humaines, & qu'avant l'époque de 1784, il n'y en avoit aucun pour l'Hydrographie, qui tient de ſi près à la Phyſique, à l'Aſtronomie & à la Géographie, & dont la connoiſſance importe le plus au bien & à la gloire de notre nation. Car peut-on ignorer aujourd'hui que la navigation , le plus ingénieux de tous les Arts, ne soit le ressort principal de l'industrie , du commerce & de l'opulence des nations , & que dans tous les tems elle n'ait donné aux peuples maritimes qui s'y sont livrés , une distinction très - honorable parmi leurs voisins ?

Les annales de l'Histoire sont remplies de faits qui attestent cette vérité ; & sans avoir recours au témoignage des siècles passés , l'état actuel de l'Europe , le degré de puissance où sont parvenus de nos jours certains Etats maritimes , & leur influence sur les affaires politiques de ce continent , ne sont-ils pas autant de preuves manifestes de ce que j'avance ?

Ces motifs , joints à l'amour particulier que j'ai pour les sciences Phisico-Mathématiques, étoient plus que suffisans pour m'engager dans la carrière que j'ai commencée. Animé des mêmes sentimens que ceux qui m'ont précédé , & jaloux de mériter , comme eux , la confiance du Gouvernement , je ne pouvois donc choisir un lieu plus convenable à mes desseins , & plus propre à flatter mon ambition , que le sein d'une capitale , où l'on cultive à l'envi les Sciences & les Arts.

Convaincu de la vérité de ce précepte d'Horace ,

... » & versate diù , quid ferre recusent,
» quid valeant humeri ....

ce n'est qu'après avoir essayé plusieurs fois mes forces, en enseignant publiquement les différentes parties de ce Cours, que j'ose aujourd'hui offrir au Public le fruit de mes travaux.

Cet Ouvrage , dans lequel j'ai tâché de rassembler tout ce qui regarde le Pilotage , est divisé généralement en deux Parties, & subdivisé en six Sections principales.

La premiere Section, comme devant servir de principe & de base à toutes les autres, contient en abrégé la théorie des rapports , proportions & progressions, soit arithmétiques, soit géométriques ; la formation & l'usage des logarithmes ; quelques proportions élémentaires de Géométrie , suivies de deux petits Traités de Trigonométrie *rectiligne & sphérique,* qui renferment en substance ce qui est absolument nécessaire à la démonstration & à l'intelligence des différentes parties de ce Cours.

J'aurois bien pu supposer mes Lecteurs imbus des principes mathématiques, ou les renvoyer aux différens Ouvrages qui traitent de ces sortes de matières ; mais ayant particulièrement à cœur de concourir à l'instruction des jeunes Marins, & de leur faciliter l'étude de ces élémens, si nécessaires à la perfection de leur état, j'ai préféré les rassembler ici dans ce tableau raccourci, moins capable de les effrayer que la vue d'un volume entier.

La seconde Section renferme ce qu'il y a de plus curieux & de plus essentiel à savoir sur la figure & la grandeur de la Terre, sur son mouvement de translation autour du Soleil & de rotation sur son axe. On y voit un précis historique des travaux des Astronomes, pour déterminer la grandeur absolue de différens degrès de son méridien, afin d'avoir, avec plus de précision, la distance respective de tous les points de sa surface. J'y parle des Cartes marines, & des principes de leur construction. J'expose les raisons

principales qui ont engagé les Hydrographes à les adopter de préférence aux
Cartes géographiques, pour les ufages
ordinaires de la navigation. On trouve
enfuite des détails intéreffans fur la Bouffole marine, fur l'ufage & les propriétés
de fes différentes parties, fur la manière
d'aimanter fon aiguille & de la fufpendre.
J'y fais connoître les imperfections &
l'infuffifance du *Lock*, pour mefurer avec
exactitude le fillage du navire, & l'avantage qu'il y auroit de fubftituer au *Lock*
le *Sillomètre* de M. *de Gaulle*, inftrument
qui, étant une fois placé, refte toujours
en expérience, & marque à chaque inftant, avec toute l'exactitude defirable
dans la pratique, & la marche du navire
& l'angle de fa *dérive*. Enfin je termine
cette féconde Section, par un des objets
les plus effentiels à la théorie de la navigation, *les principes fondamentaux de la
réduction des routes*.

La troifième Section eft entièrement
employée à la réfolution & au calcul des
problêmes généraux de navigation. J'y
enfeigne la manière la plus fimple & la
plus commode de pointer les Cartes réduites, & de réfoudre fur ces Cartes

divers Problêmes de navigation. La clarté qui règne dans cet article , & les détails dont il est rempli , me paroissent plus que suffisans pour l'intelligence de ces différens objets.

On y voit ensuite une description du Quartier de Réduction , & le fréquent usage qu'on en fait dans la Marine pour le calcul des routes. A la suite de chaque Problême, résolu à l'aide de cet instrument, j'ai ajouté la manière de le résoudre par la Trigonométrie ; afin que les jeunes Marins puissent comparer ces deux méthodes , & se convaincre que ces solutions sont au moins aussi faciles par le calcul que sur le Quartier de Réduction ; & que les méthodes directes ne sont assujetties à aucune limitation , comme les méthodes graphiques , dont le résultat se ressent toujours de l'imperfection de l'instrument , ou des bornes étroites qui le circonscrivent.

La quatrième Section , qui a pour titre, *Introduction à l'Astronomie nautique*, commence la seconde Partie de cet Ouvrage. Après quelques notions préliminaires de la Sphère , je m'y attache particulièrement à expliquer les mouve-

mens propres du Soleil & de la Lune,
en remontant à la caufe de leurs principales inégalités. Je m'étends un peu plus
fur celui de la Lune, fur-tout en par-
lant de fes phafes & de fes éclipfes,
parce que c'eft celui de tous les aftres
qui intéreffe plus particulièrement le navigateur. Comme le flux & reflux de
la mer eft un de ces objets qui intéref-
fent le plus grand nombre des Lecteurs,
je n'ai rien négligé pour donner à cet
article la clarté & l'étendue convenable,
pour que l'explication de ce phénomène,
qui n'eft que le réfultat de la comparaifon entre la théorie & l'obfervation,
foit à la portée de tout le monde. Avant
de faire ufage des règles de la Trigonométrie, pour calculer l'afcenfion droite,
la déclinaifon & la longitude du Soleil,
j'y expofe, d'une manière générale,
les moyens de déterminer la pofition des
aftres dans le ciel. De cette confidéra-
tion géométrique, dérivent les deux
méthodes dont les Aftronomes font un
ufage continuel; favoir, méthode d'obfervation & méthode de calcul. Ils ob-
fervent l'afcenfion droite & la déclinaifon des aftres; &, d'après ces données,

cils calculent leur longitude & leur latitude.

Je passe ensuite au calcul du passage des étoiles au méridien ; calcul très-important sur mer , soit pour se disposer à observer leur hauteur méridienne , soit pour trouver pendant la nuit l'heure précise qu'on doit compter à bord.

Au commencement de la cinquième Section , j'indique quels sont les meilleurs instrumens en usage sur mer pour l'observation des astres. Je me borne ensuite à la description de l'Octant , par lequel ce genre d'instruments a commencé, & dont les principes de construction ont servi de base à celle de tous les autres. J'y considère les merveilleux effets du parallelisme des miroirs qui entrent dans sa composition. J'enseigne la manière de rectifier cet instrument & de s'en servir. Avant de terminer cet article , je dis un mot de ce que les autres ont de particulier , & en quoi ils different de celui-ci. Je passe ensuite à l'examen des erreurs , qui doivent affecter toutes les observations faites sur mer ; je fais voir en quoi elles consistent, la manière de les calculer & d'en tenir compte.

Le reſte de cette Section eſt employé, 1°. à expliquer les méthodes des hauteurs méridiennes & non méridiennes des aſtres, pour déterminer le jour ou la nuit la latitude du vaiſſeau; à les diſcuter, à les comparer enſemble, & à fixer les limites de leurs erreurs; 2°. à expoſer les moyens les plus ſimples & les plus exacts de déterminer, par l'obſervation, l'heure préciſe qu'on doit compter à bord; 3°. à faire voir quelles ſont les méthodes le plus en uſage pour connoître, dans tous les cas, la variation de l'aiguille aimantée, & à marquer celles qu'on doit préférer ſelon les circonſtances.

Enfin, je n'ai rien oublié pour rendre cette partie très-intelligible, & à la portée des navigateurs qui ſont deſireux de s'inſtruire & de la connoître.

Dans la ſixième & dernière Section, je fais mention de pluſieurs méthodes, qui ont été propoſées ou tentées en différens tems, pour la recherche des longitudes ſur mer. Je fais voir en quoi elles conſiſtent, & le degré de confiance qu'on doit leur donner. Ce n'eſt que d'après un examen critique & raiſonné de tous ces objets, que je m'attache uniquement à la méthode des *diflances ;* méthode praticable en tout tems , & infiniment fupérieure à toutes les autres. Je développe, j'explique les principes de cette méthode, & j'entre enfuite dans tous les détails fur la manière de faire les obfervations & de les calculer, foit qu'il y ait trois obfervateurs, foit qu'il n'y en ait qu'un.

A la fuite de cette dernière Section, on trouve un recueil des Tables aftronomiques les plus propres à faciliter & à abréger les calculs du Pilotage.

Si j'ai le mérite d'avoir raffemblé, dans cet Ouvrage élémentaire, les principes les plus effentiels & les meilleures méthodes, je les dois aux différens Auteurs qui ont écrit fur la fcience Nautique en général, ou fur quelque branche en particulier ; fur-tout aux Mémoires de l'Académie des Sciences, & aux ouvrages de MM. *Bouguer, Bézout & de Lalande.* Quant à l'ordre & à la clarté qui doivent régner dans toutes fes parties, c'eft au Public, c'eft à mes Lecteurs à juger fi j'ai rempli la tâche que je me fuis impofée à cet égard.

TABLE

TABLE DES MATIERES.

TOME PREMIER.

I. SECTION.

ELÉMENS DE GÉOMÉTRIE

TRIGONOMÉTRIE RECTILIGNE.

TRIGONOMÉTRIE SPHÉRIQUE.

SECONDE SECTION.

TROISIEME SECTION.

TOME SECOND.
QUATRIEME SECTION.

*I*NTRODUCTION *à l'Aftronomie Nautique ;
   Notions de la Sphère.*   Page 1

CINQUIEME SECTION.

ASRONOMIE NAUTIQUE.

Manière de corriger les Observations faites sur mer, des erreurs dont elles sont affectées.

I. CORRECTION. *De l'effet que doit produire, sur la hauteur apparente des Astres, l'élévation de*

SIXIEME SECTION.

RECUEIL

DES TABLES ASTRONOMIQUES

insérées à la fin de cet Ouvrage.

FIN DES TABLES.

COURS

COURS

D'HYDROGRAPHIE.

PREMIERE SECTION.

LA navigation, ou l'art de naviguer, se divise en deux branches principales, le pilotage & la manœuvre.

La première est une science dépendante de la Géométrie & de l'Astronomie ; c'est la partie la plus relevée & la plus profonde de l'art de naviguer ; & sous cette dénomination, elle comprend cet assemblage de connoissances qui servent à conduire un vaisseau sur toutes les mers navigables, à déterminer la route qu'il doit suivre, à estimer la vîtesse de sa marche, & à reconnoître, à chaque instant, le lieu de la mer où il est. C'est uniquement de celle-là dont il sera question dans cet Ouvrage.

La seconde est entièrement fondée sur la méchanique & sur la connoissance des puissances motrices du vaisseau, telles que les voiles & le gouvernail. Comme les jeunes marins ont coutume d'apprendre celle-ci par pratique dans le cours de leurs voyages, nous ne nous y arrêterons pas. Nous nous attacherons uniquement à faire connoître les différentes branches du pilotage, & à développer les principes mathématiques & astronomiques qui en sont la base.

Mais avant tout, & quoique l'étude de l'Hydrographie suppose déja une connoissance suffisante de la science des nombres, nous dirons un mot des rapports, proportions & progressions arithmétiques & géométriques, ainsi que de la théorie & des usages des logarithmes, afin de prévenir les difficultés qui pourroient naître de cette source, & embarrasser les commençans.

Des Rapports ou raisons & proportions arithmétiques & géométriques.

Nous n'avons en général que deux manières de comparer toutes les grandeurs ou quantités (1), & par conséquent que deux espèces de rapports, qui sont le fondement de toutes nos connoissances mathématiques.

1... Lorsque dans la comparaison des deux quantités homogènes, on se propose de connoître

____

(1) On entend en général par grandeur ou quantité, tout ce qui est dans la nature susceptible d'augmentation ou de diminution ; & on appelle quantités homogènes, des quantités qui sont de même nature.

de combien l'une furpaſſe l'autre, ou en eſt furpaſſée, le réſultat de cette comparaiſon, qui eſt la différence de ces deux quantités, ſe nomme *raiſon ou rapport arithmétique.*

Par exemple, ſi je compare 12 avec 8, pour ſavoir de combien 12 furpaſſe 8, le nombre 4, qui exprime cet excès, eſt le rapport arithméti-que de 12 à 8 ; & pour marquer que ces deux quantités ont été comparées ſous ce point de vue, on les écrit ainſi, 12 . 8.

2... Lorſque dans la comparaiſon des deux quantités homogènes, on ſe propoſe de con-noître combien de fois l'une contient l'autre, ou eſt contenue en elle, le réſultat de cette compa-raiſon ſe nomme *rapport géométrique.*

Par exemple, ſi je compare 15 avec 5, pour ſavoir combien de fois 15 contient 5, le quo-tient 3, qui exprime ce nombre de fois, eſt le *rapport géométrique* de 15 à 5 ; & pour marquer que ces deux quantités ſont comparées ſous ce point de vue, on les écrit ainſi, 15 : 5, en ſépa-rant les deux termes de ce rapport par deux points.

Dans l'un & l'autre de ces rapports, le pre-mier terme ſe nomme *antécédent*; & le ſecond, *conſéquent.*

3... Le rapport ſoit arithmétique, ſoit géo-métrique, n'eſt donc autre choſe que le réſultat de la comparaiſon qu'on a faite de ces deux quantités.

4... Pour avoir le rapport arithmétique entre 12 & 8, par exemple, il faut ſouſtraire le plus petit du plus grand ; & leur différence 4, eſt le rapport arithmétique cherché.

A ij

5... Pour avoir le rapport géométrique entre deux quantités, il faut divifer la plus grande par la plus petite, ou la plus petite par la plus grande, cela eft indifférent. Ainfi, pour avoir le rapport géométrique de 15 à 5, je puis divifer 15 par 5, ou 5 par 15 : dans le premier cas, j'aurai 3 pour quotient, & dans le fecond $\frac{5}{15}$; l'un ou l'autre exprimera toujours le rapport de ces deux quantités. Mais lorfqu'il s'agira de favoir fi deux rapports géométriques font égaux, c'eft-à-dire, fi le rapport de 15 : 5, par exemple, eft le même que celui-ci 9 : 3, il faut alors que la divifion fe faffe de la même manière dans chacun.

6... Un rapport arithmétique ne change point par l'addition ou la fouftraction d'une même quantité fur chacun de fes deux termes, parce que la différence en quoi confifte ce rapport refte toujours la même.

7... Un rapport géométrique ne change point en multipliant ou en divifant fes deux termes par un même nombre ; car le rapport dont il eft ici queftion, confiftant dans le quotient de la divifion de l'antécédent par le conféquent, peut être repréfenté fous la forme d'une fraction, dont la valeur eft invariable, foit qu'on multiplie, foit qu'on divife fes deux termes par un même nombre. Ainfi le rapport de 15 : 5 ou $\frac{15}{5}$, eft le même que celui de 30 : 10 ou $\frac{30}{10}$, que l'on a en multipliant les deux termes du premier par 2. Il eft auffi le même que celui de 3 : 1, ou $\frac{3}{1}$, que l'on a en les divifant par 5. Cette propriété fert à fimplifier tellement les rapports géométriques, qu'il arrive souvent de réfoudre des proportions géométriques, ou regles de trois, par la feule opération de la multiplication ou de la divifion, toutes les fois qu'il eft poffible de réduire à l'unité un des termes du premier rapport, ainfi que nous le verrons dans peu.

8... Lorfque quatre quantités font telles, que le rapport des deux premières eft le même que celui des deux dernières, ces quatre quantités forment une proportion, laquelle eft arithmétique ou géométrique, felon la nature des rapports. Par exemple, ces quatre quantités, 12, 8, 9, 5, forment une proportion arithmétique, parce que la différence des deux premières eft la même que celle des deux dernières. Pour marquer que ces quatre quantités font en proportion arithmétique, on les écrit ainfi, 12.8:9.5, en féparant le premier rapport du fecond par deux points; & en l'énonçant, on dit, 12 *eft à* 8, *comme* 9 *eft à* 5.

Si l'on a deux rapports géométriques égaux, par exemple, 2:8 & 3:12, ces quatre termes formeront une proportion géométrique, qu'on écrit ainfi, 2:8::3:12, & on les énonce comme ceux de la proportion arithmétique.

9... Quoique les deux termes de chaque rapport foient toujours de même efpèce, puifqu'on ne peut comparer que des quantités homogènes, il n'eft pas néceffaire que les quatre termes d'une proportion le foient. Ainfi des toifes peuvent être à des toifes, comme des degrés font à des degrés, ou comme des heures font à des heures, &c.

Le premier & le dernier terme d'une proportion quelconque se nomment les *extrêmes*; le
second & le troisième, les *moyens*.

10... Quand les termes moyens d'une proportion sont égaux, la proportion se nomme
continue. Ces quatre termes, par exemple,
7.9:9.11, forment une proportion arithmétique *continue*, que, pour abréger, on écrit ainsi,
÷7.9.11. Ces quatre autres, 3:6::6:12,
forment une proportion géométrique *continue*,
qu'on écrit ainsi, ÷3:6:12. Dans l'une &
l'autre de ces proportions, les points & la barre
qui précèdent, signifient qu'en l'énonçant il faut
répeter deux fois le terme moyen, qu'on nomme
aussi *moyen proportionnel*.

11... La propriété fondamentale des proportions arithmétiques est *que la somme des extrêmes est égale à celle des termes moyens*; & dans
les proportions continues, *elle est égale au double
du terme moyen*.

En partant de ce principe, si l'on vouloit
trouver le quatrième terme de cette proportion
13.4:18:x, de la somme des deux termes moyens
4 ＋ 18, je retrancherois le premier terme 13,
& la différence 9 seroit le quatrième terme demandé. Si la proportion étoit continue, on se
conduiroit de la même manière; mais au lieu de
la somme des deux moyens, on prendroit le
double du moyen proportionnel.

12... La propriété fondamentale des proportions géométriques est *que le produit des extrêmes
est égal au produit des termes moyens*, c'est-à-dire,

que dans cette proportion 2 : 8 :: 3 : 12 , le produit des deux extrêmes 2×12 eft le même que celui des moyens 8×3 ; & dans les proportions continues , le produit des extrêmes eft égal au quarré du terme moyen. En effet , dans cette proportion continue ·:· 3 : 6 : 12 , le produit de 3×12 eft égal à celui de 6×6 , ou au quarré de 6.

13 ... De la propriété fondamentale des proportions géométriques il fuit :

1°. Que fi l'on met les extrêmes d'une proportion à la place des moyens , & les moyens à la place des extrêmes ; ou encore fi l'on change les places des extrêmes & celles des moyens , ces quatre termes feront toujours en proportion , c'eft-à-dire, qu'on peut faire fubir huit changemen; différens à toute proportion géométrique , par la feule permutation de fes termes , fans troubler l'ordre qui doit régner entr'eux. Ainfi la proportion 9 : 3 :: 21 : 7 , peut fournir de cette manière les huit proportions fuivantes :

$$9 : 3 :: 21 : 7$$
$$9 : 21 :: 3 : 7$$
$$7 : 21 :: 3 : 9$$
$$7 : 3 :: 21 : 9$$
$$3 : 7 :: 9 : 21$$
$$3 : 9 :: 7 : 21$$
$$21 : 9 :: 7 : 3$$
$$21 : 7 :: 9 : 3$$

14... 2°. Si l'on compare la fomme ou la diffé-rence des deux termes de chaque rapport , foit avec l'antécédent , foit avec le conféquent, de la même manière dans chaque rapport, les quatre termes qui en résulteront, seront toujours en proportion : car, puisque la proportion ne consiste que dans le même nombre de fois que chaque antécédent contient son conséquent, ou est contenu en lui, il est évident qu'on ne troublera point cette égalité, si, à chaque antécédent, on ajoute son conséquent, une fois de plus ou une fois de moins.

En supposant toujours la même proportion $9 : 3 :: 21 : 7$,

$$\text{on aura} \begin{cases} \text{par addition,} & \begin{cases} 9 + 3 : 9 :: 21 + 7 : 21 \\ 9 + 3 : 3 :: 21 + 7 : \ 7 \end{cases} \\ \text{par soustraction,} & \begin{cases} 9 - 3 : 9 :: 21 - 7 : 21 \\ 9 - 3 : 3 :: 21 - 7 : \ 7 \end{cases} \end{cases}$$

15... Donc puisque nous venons de voir qu'on peut mettre le troisième terme à la place du second, sans troubler l'ordre d'une proportion, on peut dire que *la somme des antécédens est à la somme des conséquens, ou que la différence des antécédens est à la différence des conséquens, comme un antécédent est à son conséquent.*

16... Il suit encore de-là que si l'on compare ces deux propositions,

$$\begin{cases} 9 + 3 : 9 :: 21 + 7 : 21 \\ 9 - 3 : 9 :: 21 - 7 : 21 \end{cases}$$

puisque leurs conséquens sont égaux entr'eux, on en conclura cette troisième, $9 + 3 : 9 - 3 ::$

$21 + 7 : 21 - 7$, c'est-à-dire, *la somme des deux premiers termes de toute proportion est à leur différence, comme la somme des deux dernières est aussi à leur différence.*

17... 3°. Si l'on a deux proportions, & qu'on multiplie, ou qu'on divise par ordre les termes de la première par les termes de la seconde, les produits ou quotients qui en résulteront, seront encore en proportion.

Soient donc les deux proportions $9 : 3 :: 21 : 7$ & $6 : 4 :: 12 : 8$, on aura

Par multiplication, $9 \times 6 : 3 \times 4 :: 21 \times 12 : 7 \times 8$,

Par division, $\quad \frac{2}{6} : \frac{3}{4} :: \frac{21}{12} : \frac{7}{8}$

Ce que nous venons de dire de deux proportions doit s'entendre également d'un plus grand nombre.

18... Donc si quatre quantités sont en proportion, on peut conclure que leurs quarrés, leurs cubes, & en général leurs puissances semblables, seront aussi en proportion.

Il est donc évident qu'on peut faire subir une infinité de changemens différens aux quatre termes d'une proportion géométrique, par la voix des permutations, par celle de l'addition, de la soustraction, de la multiplication & de la division, &c., sans que ces termes cessent d'être en proportion, pourvu qu'on ait soin de faire les mêmes opérations sur chacun de ses rapports.

Ce que nous venons de dire des nombres, doit s'entendre également des lignes que nous

devons confidérer dans la Géométrie, comme
les termes de l'étendue.

Des Progreſſions Arithmétiques & Géométriques.

19... On appelle *Progreſſion* en général, une
ſuite de rapports égaux, diſpoſés de manière que
le conſéquent du premier rapport ſerve d'antécédent au ſecond, que le conſéquent du ſecond
ſerve d'antécédent au troiſième; le conſéquent
du troiſième, d'antécédent au quatrième, &
ainſi de ſuite.

20... La progreſſion eſt arithmétique, ſi la
nature des rapports qu'on y conſidère eſt arithmétique, c'eſt-à-dire, ſi chaque terme ſurpaſſe
celui qui le précède, ou en eſt ſurpaſſé de la
même quantité. Telle eſt, par exemple, cette
ſuite de termes, ÷ 2.4.6.8.10.12.14.16.
18.20.&c.

Ou bien celle-ci, ÷ 20.18.16.14.12.10.
8.6.4.2.

21... La progreſſion eſt géométrique, ſi elle
eſt compoſée de rapports géométriques, ou ſi,
dans cette ſuite, chaque terme contient celui qui
le précède, ou eſt contenu en lui le même nombre
de fois. Ainſi ÷ 3 : 6 : 12 : 24 : 48 : 96 :, &c.
ou ÷ 96 : 48 : 24 : 12 : 6 : 3 ; eſt une progreſſion géométrique.

Les points diviſés par une barre qu'on voit à
la tête des progreſſions arithmétiques & géométriques, ont la même ſignification que ceux qu'on
trouve devant les proportions continues.

22... La progreſſion ſoit arithmétique , ſoit géométrique, eſt dite *croiſſante* ou *décroiſſante* , ſelon que les termes vont en augmentant ou en diminuant.

23 ... Puiſque dans une progreſſion arithmétique chaque terme ſurpaſſe celui qui le précède, ou en eſt ſurpaſſé de la même quantité , laquelle eſt la raiſon de la progreſſion , le ſecond terme eſt donc égal au premier plus ou moins la raiſon, le troiſième eſt égal au ſecond plus ou moins la raiſon , ou eſt égal au premier plus ou moins deux fois la raiſon , le quatrième eſt égal au premier plus ou moins trois fois la raiſon , ainſi de ſuite ; d'où on peut tirer cette règle générale. *Un terme quelconque d'une progreſſion arithmétique eſt égal au premier plus ou moins la raiſon répétée autant de fois qu'il y a de termes avant lui.* Je dis plus ou moins , parce que la progreſſion peut être croiſſante ou décroiſſante.

24... En faiſant les mêmes conſidérations ſur les progreſſions géométriques, on voit, d'après ce qui a été dit, que puiſque chaque terme contient celui qui le précède, ou eſt contenu en lui le même nombre de fois , qui eſt la raiſon de la progreſſion , le ſecond terme eſt donc formé du premier multiplié ou diviſé par la raiſon ; pareillement le troiſième eſt formé du ſecond multiplié ou diviſé par la raiſon , ou du premier multiplié ou diviſé par la raiſon élevée à la ſeconde puiſſance; le quatrième eſt auſſi formé du premier multiplié ou diviſé par la raiſon élevée à la troiſième puiſſance , ainſi de ſuite. On peut donc en conclure cette règle générale:

Un terme quelconque d'une progreſſion géomé-
trique doit être formé du premier multiplié ou di-
viſé par la raiſon élevée à une puiſſance marquée
par le nombre des termes qui précèdent ce terme
quelconque.

25... On ſe ſert encore de ces règles générales, pour inférer un nombre quelconque de
moyens proportionnels, ſoit arithmétiques, ſoit
géométriques, entre deux nombres donnés.

Soit propoſé, par exemple, d'inférer ſix
moyens proportionnels arithmétiques entre 2 &
10, puiſqu'il doit y avoir huit termes dans cette
progreſſion, le dernier, qui eſt 10, doit être
égal au premier terme 2, plus la raiſon répétée
ſept fois: donc ſi l'on en retranche le premier,
& qu'on diviſe le reſte par 7, le quotient ſera
la raiſon qui doit régner dans la progreſſion. Il
ſera donc facile, d'après ce qui a été dit (23),
d'inférer tant de moyens proportionnels arithmétiques qu'on voudra entre deux nombres
donnés.

26... Pareillement eſt-il queſtion d'inférer ſix
moyens proportionnels géométriques entre 3 &
12? On voit d'abord que cette progreſſion ſera
compoſée de huit termes, dont le dernier, qui
eſt 12, doit être formé du premier 3, multiplié
par la raiſon élevée à la ſeptième puiſſance. Donc
ſi je diviſe le huitième terme par le premier, &
ſi du quotient qui en réſultera, j'extrais la racine
ſeptième, cette racine ſera la raiſon de la progreſſion. Connoiſſant la raiſon qui doit régner

entre tous ces termes, il fera facile d'inférer le nombre des moyens proportionnels demandés (24).

27... En comparant ces deux règles générales, & confidérant en même temps que tout ce qui fe fait par addition & fouftraction dans les progreffions arithmétiques, fe fait par multiplication ou par divifion dans les progreffions géométriques, & que tout ce qui fe fait par multiplication & par divifion dans les premières, fe fait par formation de puiffances & par extraction de racines dans la feconde, on verra quel eft le principe qui a fervi de fondement à la découverte des logarithmes, par le moyen defquels on eft parvenu à abréger confidérablement toutes les opérations de l'Arithmétique, comme nous allons le voir.

Des Logarithmes.

28... Les *Logarithmes* font des nombres artificiels, dont on fe fert pour abréger le calcul dans toutes les parties des Mathématiques. Ces nombres font difpofés en progreffion arithmétique, & répondent, terme pour terme, à la fuite des nombres naturels, qui font en progreffion géométrique. Il y a, entre ces deux efpèces de progreffions, la même correfpondance qu'entre les proportions arithmétiques & géométriques. Cette correfpondance eft telle, que la première de ces progreffions emploie, comme nous venons de le voir, l'addition & la fouftraction, la multiplication & la divifion, dans les mêmes

circonſtances , où la ſeconde emploie la multiplication & la diviſion , la formation des puiſſan-
ces & l'extraction des racines. Frappé de cette
analogie , le fameux *Neper* , baron Ecoſſois ,
imagina le premier de ſubſtituer les logarithmes
aux nombres naturels , & de réduire, par ce
moyen, les principales opérations de l'arithmétique à de ſimples additions & ſouſtractions,
idée très-ingénieuſe, qui , en abrégeant le calcul,
a rendu des ſervices immortels à toutes les ſcien-
ces mathématiques , & particulièrement à l'aſtronomie & à la navigation.

29... Dans cette vue on a donc pris & com-
biné enſemble deux progreſſions , l'une géométrique & l'autre arithmétique. Suppoſons , par
exemple , qu'on ait pris les deux progreſſions
ſuivantes :

$$\div\quad 1 : 2 : 4 : 8 : 16 : 32 : 64 : 128 : 256 :, \&c.$$
$$\div\quad 0 . 1 . 2 . 3 . 4 . 5 . 6 . 7 . 8 ., \&c.$$

Il ſuit de la nature & de la correſpondance de
ces deux progreſſions, que ſi l'on multiplie ou ſi l'on
diviſe l'un par l'autre, deux termes de la première
ſuite, & ſi l'on ajoute en même tems, ou ſi l'on ſouſ-
trait les deux termes correſpondans de la ſuite
inférieure, le produit & la ſomme, le quotient
& la différence ſeront deux termes qui ſe correſ-
pondront dans ces deux progreſſions. Par exemple , ſi je multiplie 16 par 4 de la première
ſuite , & ſi j'ajoute en même tems leurs termes
correſpondans 4 & 2 de la ſuite inférieure , la
ſomme 6 de ces deux derniers répondra exacte-

ment au produit 4 des deux premiers. Si au lieu de multiplier, je divise 16 par 4, & si je souftrais 3 de 4, la différence 2 de ceux-ci répondra au quotient 4 de ceux-là.

30... Chaque terme de la progreſſion arithmétique eſt donc le logarithme du terme correſpondant dans la progreſſion géométrique. Mais comme il y a une infinité de progreſſions géométriques, dont chacune peut être combinée avec une infinité d'autres progreſſions arithmétiques, le choix de ces progreſſions eſt donc abſolument arbitraire : cela eſt vrai. Cependant, pour la conſtruction des tables ordinaires des logarithmes, on a préféré la progreſſion géométrique décuple, parce qu'elle ſert de fondement à notre numération ; & pour repréſenter les logarithmes, on a pris la progreſſion arithmétique des nombres naturels, parce qu'elle eſt la plus ſimple, & qu'il y a un grand avantage à avoir zero pour premier terme de cette progreſſion ; c'eſt-à-dire, que la baſe du ſyſtème des logarithmes dont nous ferons uſage, eſt établie ſur la combinaiſon de ces deux progreſſions :

$$\div\ 1 : 10 : 100 : 1000 : 10000 : 10000 :, \&c.$$
$$\div\ 0 . 1 . 2 . 3 . 4 . 5 .,\&c.$$

31... A la ſeule inſpection de ces deux progreſſions, on voit quel eſt le logarithme de chaque nombre compris dans la progreſſion géométrique ; mais entre 1 & 10, entre 10 & 100, entre 100 & 1000, &c. de cette même progreſſion, il y a des termes intermédiaires, dont

chacun doit avoir aussi son logarithme corres-
pondant. Pour cela imaginons qu'entre tous ces
termes on ait inféré un très-grand nombre de
moyens proportionnels géométriques , pareil
nombre entre tous les termes correspondans de
la progression arithmétique , & qu'on n'ait pris
dans la première, parmi ces moyens proportionnels , que ceux qui exprimoient la suite des
nombres 2 , 3 , 4 , 5 , 6 , 7 , 8 , 9 , & dans la
seconde les termes correspondans à ces nombres
naturels , on aura à-peu-près une idée de la
formation des logarithmes intermédiaires, & de
leur disposition dans les tables ; je dis à peu-près,
parce que c'est ainsi qu'on pourroit s'y prendre
en effet , si l'on n'avoit pas aujourd'hui des
moyens plus expéditifs par le secours de l'algèbre
& du calcul intégral. Quoi qu'il en soit , c'est à
cela que revient le calcul des logarithmes.

32... Il suit de là que tous les nombres entiers, compris entre 1 & 10 , auront des logarithmes plus grands que zero , & moindres que
l'unité. Ces logarithmes ne peuvent donc être
que des nombres fractionnaires. Pareillement,
tous les nombres compris entre 10 & 100 , auront des logarithmes plus grands que l'unité ,
& moindres que 2 , c'est-à-dire , l'unité accom-
pagnée d'une fraction décimale. Les nombres
compris entre 100 & 1000 , auront pour logarithmes deux unités & une fraction décimale ,
& ainsi des autres logarithmes des nombres.

C'est à-dire, que le premier chiffre de chaque
logarithme doit être composé d'autant d'unités
moins

moins une qu'il y a de chiffres dans le nombre naturel auquel il appartient. Ce premier chiffre, qu'on appelle la *caractéristique* du logarithme, est toujours séparée de la fraction décimale par une virgule ou un point. Il est donc facile de juger par la caractéristique dans quelle décade, ou dans quel rang de chiffres se trouve le nombre naturel auquel il appartient, & même suppléer cette caractéristique, lorsqu'elle ne se trouve point dans les tables, comme dans les nouvelles tables de *Gardiner*.

Comme nous ne considérons ici les logarithmes que par rapport à l'usage qu'on peut en faire dans les calculs numériques, nous n'entrerons pas dans un plus grand détail sur leur construction. Il nous suffit de savoir que ce travail a été consommé par les soins d'habiles Géomètres, qui y ont consacré leurs veilles : il ne s'agit plus maintenant que d'en savoir faire usage.

I.

33... Soit proposé, par exemple, de multiplier 143 par 38 : on prend dans les tables le logarithme du multiplicande & celui du multiplicateur, on les ajoute ensemble, & leur somme est un nouveau logarithme qui répond au produit.

Opération.

Logarithme de 143 . . . 2 , 1553360
Logarithme de 38 . . . 1 , 5797836
____
Somme , ... 3 , 7351196

Ce logarithme répond dans les tables à 54343
produit de 143×38.

34... La raison de cette opération est fondée
sur ce principe, que, dans toute multiplication,
*l'unité est au multiplicateur , comme le multipli-
cande est au produit* ; par conséquent, les logarithmes qui répondent à ces quatre termes, sont
en proportion arithmétique. Ainsi *la somme des
moyens est égale à celle des extrêmes*. Or le logarithme de l'unité, qui est le premier terme, est
zero ; donc la somme des moyens, c'est-à-dire,
celle des logarithmes des deux facteurs, est
égale au dernier extrême, qui est le logarithme
du produit.

I I.

35... Veut-on , par exemple, diviser 9800
par 35 ? Après avoir trouvé dans les tables le
logarithme du dividende & celui du diviseur ,
on retranchera celui-ci du premier, & la différence sera le logarithme du quotient.

Opération.

Logarithme de 9800 . . 3 , 9912261
Logarithme de.. 35 . . 1 , 5449680
____
                            2 , 4471581

Ce logarithme répond dans les tables à 280 ,
quotient de 9800 , divisé par 35.

36... La raison de cete opération est facile à
sentir. Dans toute division on a , *le dividende
est au diviseur , comme le quotient està l'unité* ;

par conféquent, les logarithmes de ces quatre termes font en proportion arithmétique : donc, puifque le logarithme de l'unité eft zero, fi l'on retranche le logarithme du divifeur de celui du dividende, le refte fera évidemment le logarithme du quotient. Voilà l'avantage d'avoir zero pour logarithme de l'unité.

37... En réfléchiffant fur la nature de ces deux opérations, on voit, 1°. que puifque le logarithme du produit eft toujours égal à la fomme des logarithmes de fes facteurs, fi l'on ajoute 1, 2, 3 ou 4 unités à la caractériftique du logarithme d'un nombre, on aura le logarithme de ce nombre multiplié par 10, par 100, par 1000 ou par 10000 ; car ces quatre facteurs ont pour logarithmes les nombres 1, 2, 3, 4. Donc fi j'ajoute une unité de plus à la caractériftique 3 du logarithme du produit 5434, trouvé ci-deffus, ce logarithme, avec cette augmentation, répondra dans les tables à 54340, qui eft dix fois plus fort que 5434.

38... 2°. Si au contraire on retranche 1, 2, 3 ou 4 unités de la caractériftique d'un logarithme, le nombre naturel auquel il répondra alors, fera 10 ou 100 ou 1000 ou 10000 fois plus petit que celui auquel il répondoit auparavant. Par exemple, fi je retranche une unité de la caractériftique du logarithme du quotient 280, ce logarithme, ainfi diminué, répondra à 28, qui eft dix fois plus petit que 280.

39... Donc en fuivant le même raifonnement, on voit que, pour élever un nombre au quarré,

au cube , ou à une puiſſance quelconque , il faut
multiplier le logarithme de ce nombre par 2 ,
par 3 , ou en général par l'expoſant de la puiſſance à laquelle on veut l'élever ; & réciproquement , pour avoir la racine quarrée , cubique ,
ou celle d'une puiſſance quelconque , il faut diviſer le logarithme du nombre élevé à cette
puiſſance par 2 , par 3 , ou en général par l'expoſant de la puiſſance dont on ſe propoſe d'extraire
la racine.

40... Pour achever de ſe convaincre de la juſ-
teſſe de ces opérations , prenons pour exemple
le nombre 6 , & formons cette proportion géométrique , 1 : 6 :: 6 : 36 , les logarithmes de
ces quatre termes ſeront en proportion arithmétique : donc puiſque *la ſomme des extrêmes de
cette dernière eſt égale à la ſomme des moyens*, on
aura log. 1 $+$ log. 36 $=$ log. 6 $+$ log. 6 $=$ 2
log. 6. Or le logarithme de l'unité étant zero ,
on a log. 36 $=$ 2 log. 6 , ou log. 6 $=$ log. $\frac{36}{1}$:
donc en général le logarithme d'un nombre n'eſt
que la moitié du logarithme de ſon quarré. On
peut raiſonner de même pour les autres puiſ-
ſances.

41... Puiſque toute multiplication par logarithmes eſt changée en addition , & toute diviſion en ſouſtraction , pour trouver le quatrième
terme d'une proportion , il faut donc ajouter les
logarithmes du ſecond & du troiſième terme ,
& retrancher de cette ſomme le logarithme du
premier ; le reſte ſera le logarithme du quatrième
terme cherché.

Exemple.

42...., Soit proposé de trouver le quatrième terme de cette proportion ou règle de trois....

toises   toises

$$; \quad . \quad . \quad . \quad . \quad 21 : 7 :: 401 \text{ liv.} : x$$

Opération.

Logarithme de 7 . . : . . . . 0 , 8450980
Logarithme de 401 . . . . . . 2 , 6031444

Somme . . . . . 3 , 4482424

Moins le logarithme de 21 — 1 , 3222193

Différence ou reste . . . . 2 , 1260231
qui répond à 133 & une fraction.

J'ajoute le logarithme de 7 à celui de 401 , & de leur somme je retranche le logarithme de 21 ; la différence qui en résulte est un nouveau logarithme qui répond dans les tables entre le logarithme de 133 & celui de 134. Ce quatrième terme est donc 133 en nombres entiers, plus une fraction. Pour exprimer cette fraction en décimales, à moins d'un dixième près, il faut chercher ce dernier logarithme avec une unité de plus à sa caractéristique. Avec cette augmentation, on trouve dans les tables qu'il répond à 1336 , à peu de chose près. Mais comme on a augmenté sa caractéristique d'une unité, le nombre qui lui répond doit être dix fois plus fort qu'il n'étoit. Pour le ramener à sa

B iij

jufte valeur , il faut donc en retrancher le dernier chiffre fur la droite. Ce dernier chiffre exprimera en décimales des dixièmes d'unité ; en forte que ce quatrième terme fera 133, 6, c'eft-à-dire, 133 , & fix dixièmes.

43.. On voit donc que les fractions n'ont pas leurs logarithmes dans les tables : on peut en dire autant des entiers joints aux fractions ; & il en eft de même des racines, des nombres, qui ne fontpas des puiffances parfaites du degré de ces racines.

Voilà en abrégé les principaux ufages des logarithmes pour le calcul des nombres naturels. Ces mêmes ufages s'étendent encore au calcul des triangles rectilignes & fphériques ; mais ce n'eft pas ici le lieu d'en parler.

ÉLÉMENS DE GÉOMÉTRIE.

44... La *Géométrie*, qui a pour objet la mefure de l'étendue, confidère trois fortés de dimenfions, *longueur*, *largeur* & *profondeur* ou *épaiffeur*. C'eft par ces grandeurs qu'on peut juger de l'efpace que les corps occupent, ou connoître le rapport de' leur volume à un autre volume connu & pris pour unité de mefure. Quoique ces trois dimenfions foient toujours unies enfemble, & conftituent ce qu'on nomme en général *corps* ou *folide*, on peut néanmoins les féparer par la penfée: c'eft ainfi que lorfqu'on veut connoître la profondeur d'une rivière, d'un canal, d'une rade , &c., on ne fait pas attention

à sa longueur . ni à sa largeur. Pareillement, FIG.
quand on veut juger de la surface d'une mer
particulière, d'un lac, d'une île, &c., on ne
considère que sa longueur & sa largeur prises
ensemble. Mais lorsqu'on veut savoir quelle est
la capacité d'un corps, le volume d'un vaisseau,
par exemple, il faut alors considérer sa longueur,
sa largeur, sa profondeur prises ensemble.

45... Il y a donc trois sortes d'étendue.

L'étendue en longeur seulement, qu'on appelle *ligne*; l'étendue en longueur & largeur,
qu'on nomme *surface*; & l'étendue en longueur,
largeur & profondeur, qu'on nomme *corps* ou
solide.

Comme nous ne devons emprunter de la
Géométrie que ce qui conduit à la démonstration & à l'intelligence des principes de l'Hydrographie, nous ne traiterons ici que des lignes
& des surfaces ; nous nous bornerons même aux
théorêmes qui tendent directement à l'objet que
nous nous sommes proposé.

Des Lignes.

45... Les extrémités d'une ligne se nomment
des *points*. On appelle aussi de ce nom, les en-
droits où une ligne est coupée, & même celui où
deux lignes se rencontrent.

46... Une ligne droite est celle qui va directement, & par le plus court chemin, d'un point
à un autre, telle est la ligne AB, (*fig.* 1re.).

47... La ligne courbe est celle qui va d'un I

FIG. point à un autre , en faifant quelque détours , comme la ligne CD , (*fig.* 2ᵉ.).

2   On voit donc que deux points fuffifent pour déterminer une ligne droite , au lieu qu'il en faut plus de deux pour déterminer une ligne courbe.

48... On nomme *Parallèles*, des lignes droi-tes , qui , tracées fur un même plan , font à égale diftance dans toute leur étendue ; telles font les lignes AB , CD , (*fig.* 3ᵉ.).

3   49... Une ligne qui , en tombant fur une autre , ne penche ni à droite , ni à gauche, eft une ligne *perpendiculaire*. Ainfi la ligne AD eft perpendiculaire fur BC, parce qu'elle ne penche ni vers B , ni vers C , & celle-ci eft réciproque-

4 ment perpendiculaire fur AD.

50... La ligne *oblique* eft celle qui , en tom-bant fur une autre , s'incline plus d'un côté que de l'autre ; telle eft, par exemple, GH, (*fig.* 5ᵉ.).

5 Cette ligne eft oblique à EF , parce qu'elle eft plus inclinée vers le point E , que vers le point F. La ligne EF eft , par la même raifon , oblique à GH.

Une ligne droite , confidérée par rapport à une autre ligne droite , peut donc avoir trois pofi-tions différentes , être *parallèle*, *perpendiculaire* ou *oblique*.

51... Les lignes droites ou courbes fe mefu-rent par une ligne droite , que l'on confidère alors comme unité de mefure. Comme cette unité eft abfolument arbitraire , il y a plufieurs mefures différentes en fait de lignes. Indépen-damment de la toife & de fes parties auxquelles

toutes les autres mesures se rapportent, on distin- FIG.
gue encore la *brasse*, la *lieue*, le *mille*, &c.

La brasse dans la Marine a cinq pieds ; on
s'en sert pour compter les longueurs des corda-
ges, & les profondeurs qu'on mesure à la sonde.

La lieue marine en France est de 2851 toises,
c'est à-dire, la vingtième partie de la longueur
d'un degré terrestre, qui vaut 57030 toises à très-
peu près.

Le mille d'Angleterre & d'Italie, qui est aussi
une mesure itinéraire, & dont on fait un fréquent usage dans les calculs du pilotage, ne vaut
que le tiers de notre lieue marine, c'est-à-dire,
950 toises.

52... De toutes les lignes courbes, nous ne
considérerons dans ces élémens, que la *circonférence* du cercle. On appelle ainsi une ligne
courbe, telle que ABDFGE, (*fig. 6e.*), dont tous
les points sont également éloignés d'un autre
point dans le milieu, qu'on nomme *centre*. Les
lignes droites & égales CD, CB, CA, &c. qui
vont du centre à la circonférence, se nomment
rayons. Les lignes comme GD, FB, qui, passant
par le centre, se terminent de part & d'autre à la
circonférence, se nomment *diamètres*. Tous les
diamètres sont égaux, puisqu'ils sont composés
chacun de deux rayons, & qu'ils partagent la circonférence en deux parties égales.

6

Les portions telles que AE, LG, GF, &c. de
la circonférence, s'appellent des *arcs* de cercle,
& le cercle lui même n'est autre chose que la
surface plane renfermée par la circonférence
ABDFGE.

Une ligne droite, comme GE ou GF, qui va de l'extrémité d'un arc à l'autre extrémité, s'appelle la *corde* de cet arc.

Puifque la courbure du cercle eft par-tout uniforme, il eft aifé de voir que les cordes égales d'un même cercle, ou de cercles égaux, foutendent des arcs égaux, & réciproquement.

53... Les Géomètres, afin de déterminer avec plus de précifion la mefure des angles, font convenus de partager toute circonférence de cercle, grande ou petite, en 360 parties égales, qu'on nomme *degrés* ; chaque degré en *60 minutes*, chaque minute en *60 fecondes*, chaque feconde en *60 tierces*, &c.; en forte que les arcs femblables AB (*ab*), compris entre les mêmes rayons, quoique de différente grandeur, ont cependant le même nombre de degrés, & par conféquent la même valeur.

On marque les degrés par un petit zero .. $=$ o
Les minutes par un petit trait . . . . . $=$ $'$
Les fecondes par deux petits traits . . . $=$ $''$
Les tierces par trois . . . . $=$ $'''$

Ainfi pour marquer un arc de cercle de la valeur de 8 degrés, 14 minutes, 50 fecondes, 36 tierces, on l'écrit ainfi, 8°. 14′. 50″. 36‴.

Quoique cette divifion de la circonférence foit admife généralement, cela n'empêche pas que, pour plus de commodité dans la pratique, on n'ait introduit, dans quelques parties des Mathématiques, des ufages particuliers de compter les degrés & parties de degré.

Les Aftronomes, par exemple, comptent les FIG.
degrés par trentaine, qu'ils appellent *fignes*,
c'eft-à-dire, qu'ayant à compter 69°. 53′. 30″.,
ils diront 2 fignes, 9°. 53′. 30″., ou 2ˢ. 9°.
53′. 30″.

Les Marins, pour les ufages de la bouffole,
partagent la circonférence en 32 parties égales,
qu'ils nomment *airs*, ou *rumbs du vent*. Chacune
de ces parties eft donc la trente deuxième partie
de 360, c'eft à-dire, qu'elle vaut 11°. 15′. Ainfi
au lieu de 24°. 45′., ils difent deux rumbs de
vent, plus 2°. 15′. Pareillement, au lieu de 45°.,
ils difent 4 rumbs de vent, parce que 4 fois 11°.
15′., font 45°.

Des Angles & de leur mefure.

54... L'ouverture que forment deux lignes
AB, AC, (*fig.* 7ᵉ.), qui fe touchent ou fe cou- 7.
pent en un point, s'appelle un *angle*. Le point
de rencontre A eft le fommet ou la pointe de
l'angle, & les deux lignes AB, AC, en font les
côtés.

On défigne quelquefois l'angle par une feule
lettre ; mais quand on en emploie trois, c'eft
toujours celle du milieu qui marque le fommet.
Ainfi l'angle formé par les lignes AB, AC, doit
être toujours défigné par A fimplement, ou par
BAC.

Tout angle formé par deux lignes droites,
comme BAC, fe nomme angle *rectiligne* ; &
on appelle angle *fphérique*, celui qui eft formé

FIG. fur une fphère par la rencontre de deux arcs de grand cercle, tel eft MAN , (*fig.* 8ᵉ.)

8   55... La grandeur d'un angle ne dépend pas de la longueur de fes côtés , mais du nombre de degrés de l'arc grand ou petit, compris entre fes côtés. La grandeur de l'angle BAC , par exemple , eft toute la quantité dont la ligne AB s'eft éloignée de AC , en tournant fur le point A. Cette quantité peut être repréfentée indifféremment par l'arc BC , ou par l'arc (*bd*) : ces deux arcs ont néceffairement le même nombre de degrés, puifqu'ils ont été décrits en même tems par deux points différens de la ligne AB , en s'éloignant de AC.

Un angle quelconque a donc pour mefure le nombre de degrés & parties de degré de l'arc grand ou petit, compris entre fes côtés , & décrit de fon fommet comme centre.

Donc pour faire au point (*a*) de la ligne (*ac*) (*fig.* 7ᵉ.), un angle égal à l'angle BAC , il faut, avec une ouverture de compas arbitraire , & du point (*a*) comme centre , décrire un arc indéfini qui touche la ligne (*ac*) en un point quelconque (*c*). Portant enfuite la pointe du compas fur le fommet A de l'angle donné, on décrira, avec la même ouverture , l'arc BC. Ayant pris avec le compas la longueur de cet arc , on la portera de (*c*) en (*b*) ; par ce dernier point , & par le point (*a*) , on tirera la ligne (*ab*) , & on aura l'angle (*bac*) égal à l'angle BAC.

Pour mefurer les angles , on peut fe fervir d'un cercle divifé en 360°. ; mais il eft plus commode de se servir d'un rapporteur, qui est un demi-cercle de cuivre ou de corne divisé en 180°. Pour cet effet on applique le centre de cet instrument sur le sommet de l'angle; & l'ayant couché sur le plan de la figure, il ne reste plus qu'à voir combien il y a de degrés compris entre les deux côtés de l'angle. Cet instrument sert non seulement à mesurer les angles, mais à en former sur le papier qui aient précisément un nombre déterminé de degrés.

Au lieu de cet instrument, on peut encore faire usage de la ligne ou échelle des cordes du compas de proportion. Pour mesurer avec cette échelle l'angle BAC, il n'y a qu'à décrire du sommet de l'angle un arc BC, dont le rayon AB soit égal à la corde de 60°. prise sur l'échelle, parce que cette corde indique la longueur du rayon du cercle qui a servi à la construction de l'échelle. L'arc BC étant décrit, on portera sa corde sur l'échelle, & le nombre de degrés indiqués sera la mesure de l'angle cherché.

On se sert de l'échelle des cordes pour résoudre divers problêmes de navigation, par des opérations graphiques.

56... Les angles prennent différens noms, à raison de l'ouverture plus ou moins grande de leurs côtés : on en distingue de trois sortes, *l'angle droit*, *l'angle aigu* & *l'angle obtus*.

57... L'angle ACD (*fig. 6*e.) est droit, lorsque l'un de ses côtés AC ne penche ni vers l'autre côté CD, ni vers son prolongement CD ; alors les deux lignes AC, CD, qui concourent à le

FIG.

6

former, font perpendiculaires l'une à l'autre, &
embraffent, par leur ouverture, un arc de 90°.,
ou le $\frac{1}{4}$ de la circonférence.

58... L'angle aigu eft celui qui eft formé par
deux lignes inclinées l'une à l'autre, & dont
l'inclinaifon ou l'ouverture eft mefurée par un arc
de cercle au deffous de 90°. Ainfi l'angle ACB
eft aigu, parce qu'il comprend, entre fes côtés,
un arc AB moindre que 90°.

59... Enfin un angle tel que DCE eft obtus,
lorfque fes côtés, inclinés l'un à l'autre, comprennent un arc DE plus grand que 90°.

60... On voit, par ce qui vient d'être dit, que
l'angle droit a toujours pour mefure 90°. C'eft
le feul dont la grandeur foit déterminée & conftante. L'angle aigu & l'angle obtus peuvent être
plus petits ou plus grands, puifqu'ils n'ont que
des limites, & non une valeur déterminée.

61... On appelle *complément* d'un angle ou
d'un arc, ce qu'il faut ajouter à cet angle ou à
cet arc, pour faire 90°. Ainfi l'angle ACF a pour
complément BCF.

62... Les angles aigus, qui auront des compplémens égaux, feront donc égaux, & réciproquement : il en fera de même des angles obtus.

63... On appelle *fupplément* d'un angle ou
d'un arc, ce qu'il faut ajouter à cet angle ou à
cet arc, pour faire 180°. Ainfi l'angle ACF a
pour fupplément l'angle DCF. Les angles égaux
auront donc des fupplémens égaux, & ceux
qui auront des fupplémens égaux, feront donc
égaux.

FIG.

Théorême premier.

64... De là on peut conclure *que les angles BAC, DAE, oppofés au fommet, & formés par l'interféction de deux lignes droites, font égaux.*

9.

Car fi l'on regarde le point A comme le centre du cercle, & la ligne BD comme un diamètre, les deux angles de fuite BAC, DAC, vaudront 180°., puifqu'ils embraffent une demi-circonférence de cercle: donc BAC a pour fupplément AD; mais DAE a auffi le même angle pour fupplément, puifqu'en faifant le même raifonnement, on peut prendre auffi la ligne CE pour diamètre: donc les deux angles BAC, DAE, oppofés au fommet font égaux.

Propriétés des Parallèles.

65... Nous avons déja dit (48) que deux lignes tracées fur un même plan, font dites *parallèles*, lorfqu'elles font à égale diftance dans tous les points de leur étendue ; de forte que, prolongées à l'infini, elles ne fe rencontreroient jamais. Mais il eft bon de les comparer ici à une troifième ligne, & d'examiner les propriétés qui en réfultent.

Deux lignes AB, DE (*fig.* 10e.), tracées fur un même plan, & coupées par une troifième ligne FL, qu'on nomme *fecante*, forment huit angles avec cette fecante; favoir, 4 autour du point C, & 4 autour du point G. Les angles compris entre les deux parallèles, font nommés

10.

angles *internes* ; & ceux qui sont au-dehors ; angles *externes*. Parmi les angles internes, ceux qui sont situés de part & d'autre de la secante, comme AGC & GCE, ou BGC & DCG, s'appellent angles *alternes-internes* ; & parmi les externes, ceux qui sont situés de part & d'autre de la secante, comme DCF & BGL, ou ECF & AGL, s'appellent angles *alternes-externes*.

66... D'après ces notions, il est aisé d'établir les trois propriétés suivantes.

Théorême II.

1°. *Que les angles tels que* BGL, GCE, *formés du même côté de la secante,* & *situés dans le même sens,* *sont toujours égaux* ; car les lignes AB, DE, étant parallèles, doivent être également inclinées, chacune à l'égard de toute autre ligne, comme FL : donc les angles formés du même côté de la secante sont égaux.

2°. *Que les angles alternes-internes* AGC, GCE, *sont égaux* ; car AGC est égal à BGL, qui lui est opposé au sommet : or ce dernier est égal à GCE ; donc AGC=GCE. On peut en dire autant des angles alternes-externes.

3°. *Que les angles internes,* *tels que* AGC, DCG, *situés d'un même côté,* *sont supplément l'un de l'autre* ; car AGC est supplément de AGL, mais celui-ci est égal à DCG : donc AGC & DCG sont supplément l'un de l'autre. On démontrera la même chose pour les angles externes situés du même côté.

Chacune de ces propriétés peut fournir une

manière

manière de mener une parallèle à une ligne FIG.
donnée.

PROBLÊME.

*67 ... Soit proposé de mener , par un point
donné C, une parallèle à la ligne* AB, (*fig.* 11e.). 11

Menez, par le point C, la ligne indéfinie CD,
qui coupe la ligne donnée en un point quelconque E ; puis de ce point E, comme centre , &
d'un rayon égal à CE , décrivez l'arc de cercle
CG. Pareillement du point C , comme centre,
& avec la même ouverture de compas, décrivez
indéfiniment un autre arc de cercle ; portez la
grandeur du premier sur le second, de E en F ;
& ensuite, par le point C & le point F, faites
passer une ligne droite, elle sera la parallèle demandée.

PROBLÊME.

68 ... On peut encore résoudre ce problême
comme il suit.

Du point donné C (*fig.* 12e.) , décrivez un 12
arc de cercle qui touche la ligne AB sans la couper, d'un autre point E , pris à volonté sur la
ligne donnée AB ; tracez , avec la même ouverture de compas, un autre arc de cercle ; tirez
ensuite la droite CF , de manière qu'elle passe
par le point C, & qu'elle touche le dernier arc de
cercle au point F ; cette ligne sera parallèle à la
ligne donnée AB.

Cette manière est la plus commode & la plus
facile.

C

Les propriétés des parallèles font d'un fréquent usage dans toutes les parties des Mathématiques ; on s'en sert pour démontrer un très-grand nombre de propositions , & pour résoudre plusieurs problêmes utiles, soit de Géométrie , soit d'Astronomie nautique. On les emploie beaucoup dans le pilotage , sur-tout pour marquer sur les cartes marines la route qu'a tenue un vaisseau pendant sa navigation ; ce qu'on appelle *pointer la carte* ou *faire le point.*

69... Les angles considérés au centre du cercle , comme nous l'avons fait jusqu'ici , ont toujours pour mesure l'arc de cercle compris entre leurs côtés; mais lorsque leur sommet est ailleurs qu'au centre , ils n'ont alors pour mesure qu'une portion de circonférence , d'autant plus petite , qu'ils sont plus éloignés du centre : c'est cette portion qu'il faut savoir déterminer dans plusieurs circonstances. Nous nous bornerons à faire voir que tout angle qui a son sommet à la circonférence, & qui est formé par deux cordes ou par une tangente & une corde , a toujours pour mesure la moitié de l'arc compris entre ses côtés.

Théorême III.

70... *Un angle* MAN , *formé par deux cordes , & dont le sommet est à la circonférence , a toujours pour mesure la moitié de l'arc* MN , *compris entre ses côtés.*

Cette proposition comprend trois cas différens , où l'un des côtés passe par le centre du

cercle (*fig.* 13ᵉ.), ou le centre eſt entre les deux 13
côtés (*fig.* 14ᵉ.), ou bien le centre eſt hors des 14.
côtés (*fig.* 15ᵉ.). 15.

Dans le premier cas, ayant mené le diamè-tre BD parallèle au côté AM, on voit que l'angle MAN=DCN ; donc ils ont même meſure ; mais l'angle au centre DCN a pour meſure l'arc DN=AB=MD, à cauſe des parallèles. Donc l'angle MAN a pour meſure DN ou MD, moitié de l'arc MN, compris entre ſes côtés.

Second cas. Si le centre eſt entre les côtés de l'angle MAN (*fig.* 14ᵉ.) du ſommet de l'angle A, menez le diamètre AD ; chacun des angles par-tiels MAD, DAN, aura pour meſure la moitié de l'arc compris entre ſes côtés, comme nous venons de le prouver : donc l'angle total MAN aura pour meſure la moitié de la ſomme de ces deux arcs ; c'eſt-à-dire, la moitié de l'arc MN compris entre ſes côtés.

Troiſième cas. Si le centre eſt hors des côtés, comme dans la *fig.* 15ᵉ., & qu'on mène le dia-mètre AD, on aura MAN=DAN—DAM ; donc l'angle MAN aura pour meſure $\frac{1}{2}$ DN—$\frac{1}{2}$ DM ; c'eſt-à-dire, la moitié de l'arc MN compris entre ſes côtés.

Théorême IV.

71... *Un angle* BAN (*fig.* 15ᵉ.), *formé à la cir-conférence par une tangente & une corde, a pour me-ſure la moitié de l'arc* AN *compris entre ſes côtés.*

Car ayant mené GN parallèle à AB, l'on aura, en vertu de cette conſtruction, l'arc AN égal

C ij

FIG. à l'arc AG , & l'angle BAN égal à son alterne
ANG ; donc ces deux angles auront même mesure. Mais l'angle ANG a pour mesure la moitié
de AG ; donc l'angle BAN , formé par une corde
& une tangente, aura aussi pour mesure la moitié
de l'arc AN compris entre ses côtés.

72... Donc tous les angles qui ayant leur
sommet à la circonférence , sont appuyés sur le
même arc , ou sur deux arcs égaux , sont nécessairement égaux , puisqu'ils ont tous pour mesure la moitié de l'arc compris entre leurs côtés.

Par conséquent un angle qui a son sommet à
la circonférence , & qui est appuyé sur les extrémités d'un diamètre , est un angle droit , puisqu'il a pour mesure la moitié de la demi-circonférence comprise entre ses côtés , laquelle est
égale à un arc de 90°.

On peut se servir de cette dernière propriété
pour résoudre le problême suivant.

P r o b l ê m e.

73... *Elever une perpendiculaire à l'extrémité* B,
de la ligne donnée AB.

D'un point C comme centre , pris à volonté
hors de la ligne donnée , & d'une ouverture de
compas égale à CB , décrivez la circonférence
DFBD (*fig.* 16e.), qui coupe AB en un point F ;
par ce dernier point & le centre C , tirez le diamètre FD , & par le point D , où ce diamètre
rencontre la circonférence, menez la droite DB,
elle sera la perpendiculaire cherchée ; car l'angle DBF qu'elle forme à la circonférence , a ses

côtés appuyés fur le diamètre FD : donc c'eft un angle droit ; donc DB eft perpendiculaire fur le point B de la ligne AB.

74... On rencontre fans ceffe les angles dans toutes les parties des Mathématiques théoriques & pratiques. C'eft par les angles qu'on détermine en mer la pofition des objets les uns à l'égard des autres, qu'on connoît la variation de la bouf-fole, qu'on juge de la route d'un navire, qu'on diftingue fi celui qu'on rencontre en mer a le vent fur nous, ou fi nous l'avons fur lui, & qu'on apprécie la vîteffe de fa marche. C'eft en variant les angles que les voiles & le gouvernail font avec la quille du vaiffeau, qu'on produit fes dif-férentes évolutions, qu'on change fa route, qu'on accélère, ou qu'on retarde fon mouvement; c'eft par la mefure des angles qu'on juge des différens points de la révolution des aftres, de leur lieu dans le ciel, de leurs diftances refpectives, & qu'on parvient enfin à déterminer le lieu de la mer où l'on eft.

Problêmes dont la folution fe réduit immédiate-ment de ce que nous venons de dire fur les lignes & les angles.

PROBLÊME PREMIER.

75... *Partager une ligne* AB *en deux parties égales par une perpendiculaire.*

Pour que cette ligne foit perpendiculaire fur le milieu de la ligne donnée AB, elle ne doit pencher ni vers A, ni vers B : il faut donc dé-

C iij

FIG. terminer de part & d'autre de la ligne donnée, deux points qui foient chacun à égale diftance de fes deux extrémités, & le problême fera réfolu.

Pour cet effet, des deux extrémités A & B comme centre, & avec une même ouverture de compas, tracez deux petits arcs qui fe coupent en C & en D ; par ces deux points de fection, tirez la ligne CD, elle fera perpendiculaire fur le milieu de AB.

P r o b l ê m e I I.

76... *D'un point E pris fur la ligne droite AB,* (fig. 18ᵉ.) *élever une perpendiculaire à cette ligne.*

Prenez les diftances EA, EB, parfaitement égales ; enfuite des extrémités A & B comme centre, & avec une même ouverture de compas, tracez, au-deffus de la ligne AB, deux arcs de cercle qui fe coupent en F ; par ce point, & par le point donné, tirez la ligne FE, elle fera la perpendiculaire cherchée.

P r o b l ê m e I I I.

77... *D'un point donné E hors d'une ligne AB* (fig. 19ᵉ.), *abaiffer une perpendiculaire fur cette ligne.*

Du point donné E comme centre, décrivez à volonté un arc de cercle tel que ACB, qui touche la ligne donnée aux deux points A & B ; de ces deux points comme centre, & avec une même ouverture de compas, décrivez deux petits arcs qui fe coupent en D ; enfuite par ce point, &

par le point donné E , tirez la droite ED , elle FIG.
fera perpendiculaire fur AB.

Les perpendiculaires font néceſſaires dans la
meſure des ſurfaces & dans la conſtruction des
cartes marines ; elles reviennent très-ſouvent dans
la conſtruction des figures , dont on fait uſage
pour la ſolution graphique de divers problêmes
de navigation : enfin , on les trouve à chaque
pas dans toutes les opérations de l'Architecture
navale , &c.

Problême IV.

78... *Diviſer un angle* BAC (fig. 7ᵉ.) *en deux
parties égales.*

Il ne s'agit que de diviſer l'arc qui lui ſert de
meſure en deux parties égales. Pour cela , des
deux extrémités B & C comme centre , & avec
une même ouverture de compas , tracez deux
arcs qui ſe coupent au point E ; par ce point de
ſection & le ſommet de l'angle , faites paſſer une
ligne droite , elle diviſera l'angle donné BAC en
deux parties égales.

Problême V.

79... *Diviſer la circonférence de cercle* ABCD
(fig. 20ᵉ.) *en 32 parties égales.*   20

Menez d'abord le diamètre AC , cette ligne
partagera la circonférence en deux parties égales ;
diviſez chacune de ces parties en deux par un
ſecond diamètre perpendiculaire au premier ; diviſez encore en deux les arcs AB, BC, CD, AD,
diviſez encore & ſoudiviſez leurs moitiés de la

FIG. manière enseignée ci-dessus, jusqu'à ce que vous
soyez arrivé à la 32ᵉ. partie, & vous aurez enfin
la circonférence ABCD, divisée en 32 parties
égales, ou rumbs de vent, chacun de 11°. 15′.

80... On peut se servir de la même méthode
pour faire passer une circonférence de cercle par
trois points donnés.

21   Soient A, B, C, (*fig.* 21ᵉ). Ces trois points
donnés, si on les joint par deux lignes droites,
AB, BC, ces deux lignes peuvent être regardées
comme les cordes d'un cercle, dont le centre
doit être à égale distance de leurs extrémités.
Pour déterminer ce centre, il ne s'agit donc que
de trouver un point (x), qui soit à égale distance de A, de B & de C. Pour cela on élevera
une perpendiculaire sur le milieu de la corde AB,
une autre sur le milieu de la corde BC, le point
de rencontre de ces deux perpendiculaires sera
évidemment le centre demandé ; car puisque FE
est perpendiculaire sur le milieu de AB, tous
ses points sont à égale distance des extrémités
A & B. Pareillement tous les points de la perpendiculaire GH, sur le milieu de BC, sont à
égale distance des extrémités B & C : donc le
point (x), où concourent ces deux lignes, est à
égale distance des points A, B & C ; donc la circonférence décrite du point (x) comme centre
& de la distance Ax pour rayon, passera nécessairement par les trois points donnés.

Des Surfaces.

Nous allons considérer d'abord les propriétés

des lignes droites qui renferment un espace, FIG.
& nous commencerons par celles du triangle,
comme étant la plus simple de toutes les figures
rectilignes.

81... Le triangle est une figure composée de
trois côtés & de trois angles. On appelle triangle
rectiligne, celui qui est formé par trois lignes
droites, comme ABC (*fig.* 22°.); & triangle *sphé-* 22
rique, celui qui est formé par trois arcs de grand
cercle, tel que CDE (*fig.* 23°.). Nous n'exami- 23
nerons les propriétés de celui-ci que dans la Trigonométrie sphérique.

82... On peut considérer le triangle rectiligne
par rapport à ses côtés, ou par rapport à ses angles ; ce qui lui fait donner des noms differens.

83... Si on le considère par rapport à ses côtés,
un triangle tel que ABC (*fig.* 22°.), qui a ses
trois côtés égaux, se nomme triangle *équilatéral*.

84.. Celui qui n'a que deux côtés égaux, tel
que DEF (*fig.* 24°.), se nomme triangle *izocelle*. 24

85... Et celui dont les trois côtés sont inégaux,
tel que GDE, s'appelle triangle *scalême* (*fig.* 25°.). 25

THÉORÊME V.

86... Une propriété bien remarquable & très-
essentielle en Géométrie, *c'est que dans toute
sorte de triangles rectilignes, la somme des trois
angles vaut toujours* 180°.; c'est-à-dire, que si
d'un même rayon ou de la même ouverture de
compas, on décrit, du sommet de chaque angle
du triangle DLF (*fig.* 26°.), trois arcs de cercle 26
compris entre leurs côtés respectifs, ces trois

arcs joints enfemble, vaudront une demi - circonférence de cercle, & par conféquent 180°.

Pour fe convaincre de cette vérité, menez,
par le fommet de l'angle L, la ligne GH, parallelement à DF; l'angle D fera égal à l'angle I,
& l'angle F égal à l'angle M, à caufe de la feconde propriété des parallèles coupées par une
fecante ; mais les trois angles I, L, M, embraffent une demi-circonférence de cercle : donc
les trois angles du triangle DLF, qui leur font
égaux, valent 180°.

87... D'après cette propofition, il eft clair
qu'un triangle rectiligne confidéré par rapport à
fes angles, ne peut avoir qu'un feul angle droit,
& alors on l'appelle triangle *rectangle*. Le côté
oppofé à l'angle droit, fe nomme *hypotheneufe*;
tel eft le triangle GHI, (*fig.* 25e.).

A plus forte raifon il ne peut avoir qu'un feul
angle·obtus ; dans ce cas, on l'appelle triangle
obtus-angle, tel eft le triangle EDF, (*fig.* 24e.).

Mais il peut avoir fes trois angles aigus, &
alors on l'appelle triangle *acutangle* ; tel eft le
triangle ABC, (*fig.* 22e.).

88... Il fuit de ce que nous venons de dire,
1°. qu'auffi-tôt qu'on connoît deux angles d'un
triangle, le troifième eft néceffairement connu,
puifqu'il eft le fupplément à la fomme des deux
autres. Si, par exemple, un des angles d'un triangle eft de 60°., & l'autre de 80°., leur fomme
140°., retranchée de 180°., fera connoître que
le 3e. doit être de 40°.

2°. Que lorfque deux angles d'un triangle

font égaux à deux angles d'un autre triangle, le troisième dans chacun est nécessairement égal, puisque les trois ensemble ne valent que 180°.

3°. Que les deux angles aigus d'un triangle rectangle sont toujours complément l'un de l'autre ; car l'angle droit étant constamment de 90°., il ne reste que 90°. pour la somme des deux autres.

89... On peut encore remarquer comme une propriété très-utile, que le plus grand angle d'un triangle est opposé au plus grand côté, & le plus petit angle au plus petit côté ; de sorte que lorsque deux côtés font égaux, les deux angles opposés font aussi égaux ; & si les trois côtés font inégaux, les trois angles le seront aussi.

De l'égalité des Triangles.

Comme il y a plusieurs propositions qui font fondées sur l'égalité des triangles, & que d'ailleurs le premier & le plus simple de tous les rapports est l'égalité, il est à propos d'établir ici les caractères auxquels on peut reconnoître l'égalité des triangles.

THÉORÊME VI.

Premier Caractère d'égalité.

90... *Deux triangles font égaux, lorsqu'ils ont un angle égal compris entre deux côtés égaux.*

Si l'angle (g) du triangle (gde) est egal à l'angle G du triangle GDE, & qu'en outre les deux côtés (gd), (ge) du premier foient égaux aux

deux côtés GD , GE du fecond, ces deux triangles feront parfaitement égaux. Il fuffit , pour
s'en convaincre, d'appliquer par la penfée le premier fur le fecond ; alors l'angle (*c*) , répondant
à l'angle G , & les côtés (*gd*) , (*ge*) aux deux
côtés GD, GE , le point (*d*) tombera fur le
point D , le point (*e*) fur le point E , & le côté
(*de*) fur le côté DE ; donc ces deux triangles feront parfaitement égaux.

THÉORÊME VII.

Second Caractère.

91... *Deux triangles font égaux , lorfqu'ils
ont un côté égal adjacent à deux angles égaux ,
chacun à chacun.*

En fuppofant que le côté (*de*) du premier &
fes deux angles adjacens foient égaux au côté DE
du fecond & à fes angles adjacens , fi l'on applique (*de*) fur DE , le côté (*gd*) tombera exactement fur GD , à caufe que l'angle (*d*) eft égal
à l'angle D. Pareillement, à caufe que l'angle (*e*)
eft égal à l'angle E , le côté (*ge*) tombera fur GE ;
donc le point (*g*) tombera exactement fur le
point G , par conféquent ces deux triangles feront parfaitement égaux.

THÉORÊME VIII.

Troifième Caractère.

92... *Deux triangles font égaux , lorfqu'ils ont
les trois côtés égaux , chacun à chacun.*

Si l'on applique le triangle (*gde*) fur le triangle GDE , les côtés du premier tomberont exactement fur les côtés correfpondants du fecond ,

& les trois angles *g*, *d*, *e*, sur les trois angles G, FIG.
D, E ; donc les deux triangles se conviendront
en tout sens, & seront par conséquent égaux.

La condition de l'égalité des côtés ne suffit pas
pour rendre égales les figures qui ont plus de
trois côtés, parce que les lignes, quoiqu'égales
dans les deux figures, peuvent faire des angles
différens, ou avoir des situations différentes les
unes par rapport aux autres.

P R O B L Ê M E.

93... *Construire un triangle qui soit parfaite-*
ment égal au triangle GDE, (*fig.* 25ᵉ.)

Il y a trois manières différentes de résoudre ce
problême, fondées sur les trois caractères d'éga-
galité. Nous nous servirons de la première comme la plus simple, & la moins sujette aux erreurs inévitables dans toute opération graphique.

Tirez une ligne indéfinie FI (*fig.* 27ᵉ.), 27
sur l'extrémité F de cette droite ; faites l'angle F
égal à l'angle D ; prenez ensuite FG=DG &
FI=DE ; des deux extrémités de ces lignes, tirez la droite GI, le triangle FGI sera parfaitement
égal au triangle GDE.

94... On appelle, du nom général de *Poly-*
gone, toute figure composée de plusieurs côtés;
lorsqu'elle en a quatre, elle s'appelle *quadrilatère*;
lorsqu'elle en a cinq, *pentagone* ; lorsqu'elle en a
six, *hexagone*, &c.

On distingue trois espèces de quadrilatère; le
quadrilatère simple, le *trapeze* & le *parallelo-*
gramme.

FIG.   95 ... Le *trapeze* eſt un quadrilatère qui n'a
28   que deux côtés parallèles (*fig.* 28°.).

29   96 ... Le *parallelogramme* eſt un quadrilatère
dont les côtés oppoſés ſont parallèles entr'eux ,
30   (*fig.* 30°.). Lorſque ſes quatre angles ſont droits ,
il s'appelle parallelogramme *rectangle* , ou ſimplement *rectangle* (*fig.* 30°.). S'il a tous ſes angles
droits & tous ſes côtés égaux , il prend le nom de
31   *quarré* , (voy. *fig.* 31°.)

97 ... On nomme *diagonale* une ligne droite ,
tirée d'un angle à l'autre dans un polygone quelconque ; telle eſt la ligne BD, (*fig.* 30°).

T H E O R Ê M E IX.

98 ... *Si dans un parallelogramme* ABCD ;
(*fig.* 29°. & 30°.) *on mène une diagonale d'un
angle oppoſé à l'autre , cette diagonale partagera
le parallelogramme en deux triangles égaux.*

Car puiſque les côtés oppoſés de cette figure
ſont parallèles entr'eux , les 2 angles alternes ſont
égaux dans chaque triangle ; par conſéquent le 3°.
eſt néceſſairement égal dans chacun ; donc les 2
triangles ABD , BCD ſont parfaitement égaux.

99 ... Puiſque la diagonale diviſe un quadrilatère en deux triangles , on peut donc conclure
en général que tout polygone peut être diviſé en
autant de triangles moins deux qu'il a des côtés ,
par des diagonales menées d'un de ſes angles aux
autres.

32   100 ... On appelle polygone régulier , celui qui
a tous ſes côtés & tous ſes angles égaux (*fig.* 32°.).

101 ... Il ſuit de cette définition que ſi du

centre d'un polygone régulier quelconque , on tire des lignes à tous ses angles , ces droites qui font autant de rayons d'un cercle qu'on peut imaginer circonscrit au polygone , formeront au centre des angles égaux , puisqu'ils ont pour mesure des arcs égaux soutenus par des cordes égales. Donc pour avoir la valeur de l'angle au centre d'un polygone régulier , il faut diviser 360°. par le nombre des côtes. Par exemple , l'angle au centre de l'hexagone est la sixième partie de 360°., laquelle vaut 60°.

102... Delà on conclut que le côté de l'hexagone régulier est égal au rayon du cercle circonscrit ; car en tirant les rayons CA , CB , le triangle ACB sera d'abord izocelle ; par conséquent CAB=ABC. Or l'angle au centre ACB étant de 60°. , chacun des deux autres sera la $\frac{1}{2}$ de 120°.=60°.; d'où on conclut que le triangle ACB sera équilatéral : donc le côté AB de l'exagone régulier est égal au rayon du cercle circonscrit.

On peut tirer de-là une manière bien simple d'élever une perpendiculaire à l'extrémité d'une ligne donnée. Nous laissons les commençans à s'exercer là-dessus.

103... On se sert encore de cette même propriété pour diviser la circonférence du cercle de 15 en 15 degrés. Pour cela on porte avec le compas la grandeur du rayon six fois sur la circonférence , ce qui la partage en six parties égales , chacune de 60°.On divise en deux chacune de ces parties , & celles-ci encore en deux de la manière

enseignée (78 & 79) & on a des arcs de 15°.
Si l'on veut pouffer plus loin la division, on partagera ces arcs de 15 degrés d'abord en 3, puis
en cinq parties égales, & on arrivera ainsi à la
division de la circonférence du cercle en 360°.

Cette dernière opération n'est pas à la vérité
rigoureuse, parce qu'on n'a pas de méthode géométrique pour la division d'un arc, du moins en
cinq parties égales ; mais avec un peu d'adresse,
on arrivera à une précision suffisante dans la pratique.

Des Lignes proportionnelles.

104... 1°. Si quatre lignes font telles que la première soit à la seconde, comme la troisième est à
la quatrième, ces lignes seront proportionnelles
entr'elles.

2°. Si la première est à la seconde, comme la
quatrième est à la troisième, alors les deux premières seront réciproquement proportionnelles
aux deux autres.

3°. Si la première est à la seconde, comme la seconde est à la troisième, celle qui occupera la place
des moyens dans la proportion, sera moyenne
proportionnelle aux deux autres.

En général tout ce que nous avons dit des nombres à l'article des Raisons, Rapports & Proportions, doit s'entendre également des lignes ; mais
il faut observer que les rapports que nous allons
considérer, ne font que des rapports géométriques.

THÉORÊME

THEORÊME X.

105... *Si sur le côté* AB *d'un triangle* ABC, (*fig.* 33ᵉ.) *on prend un nombre quelconque de parties égales, telles que* DF, FH, & *qu'on tire parallèlement à* BC, *les lignes* DE, FG, HI, *les parties* EG, GI *du côté* AC, *formées par la rencontre de ces parallèles, seront aussi égales entr'elles.*

33

Par le point **G**, menez une parallèle à AB, qui rencontre HI en N & DE prolongé en M; dans les deux triangles EGM, IGN, les angles en G, opposés au sommet, feront égaux; les angles alternes en M & en N feront auffi égaux : donc les deux triangles feront parfaitement égaux; par conféquent EG$=$GI.

Donc il eft évident que fi comparant DF ou DH avec AB, on trouve que la première eft le $\frac{1}{3}$ ou les $\frac{2}{3}$ de la feconde, on conclura de même que EG ou EI eft le $\frac{1}{3}$ ou les $\frac{2}{3}$ de AC; c'eft-à-dire,

qu'on aura ces proportions : $\begin{cases} DF:AB::EG:AC \\ DH:AB::EI:AC \end{cases}$

En changeant les places des moyens, l'on

aura . . . . $\begin{cases} DF:EG::AB:AC \\ DH:EI::AB:AC \end{cases}$

Et puifque les parties correfpondantes de ces divifions font proportionnelles aux lignes totales AB, AC, elles feront donc proportionnelles entr'elles : donc DF : EG :: DH : EI.

D

' Il fuit de-là que fi l'on divife le côté d'un triangle en un nombre quelconque de parties égales, & que des points de divifion on mene des parallèles à la bafe, ces parallèles diviferont l'autre côté en un même nombre de parties égales ; & réciproquement, fi ces lignes divifent les deux côtés du triangle en parties égales, elles feront parallèles à la bafe.

106... *Donc fi par un point* H *pris à volonté fur un des côtés* AB *du triangle* BAC, *on mène la droite* HI, *parallelement au côté* BC, *les deux côtés* AB, AC *de ce triangle feront coupés proportionnellement aux points* H & I ; *c'eft-à-dire,*

qu'on aura toujours , $\begin{cases} AH : AI :: HB : IC \\ AH : AI :: AB : AC \end{cases}$

Ou en changeant les places des moyens, on

aura   .   . $\begin{cases} AH : HB :: AI : IC \\ AH : AB :: AI : AC \end{cases}$

Donc réciproquement toutes les fois que deux côtés d'un triangle feront coupés proportionnellement par une ligne quelconque, cette ligne fera néceffairement parallèle au troifième côté.

107... La propofition énoncée ci-deffus (105), fournit un moyen bien fimple de divifer une ligne en parties égales ou en parties qui aient entr'elles des rapports donnés.

P R O B L Ê M E.

Divifer une ligne en parties égales, ou former une échelle de parties égales.

Veut-on , par exemple , conftruire l'échelle FIG.
de dixme dont on fe fert le plus fouvent , foit
pour tracer fur une carte les différentes parties
d'un payfage , d'une île , d'une côte , foit pour
réduire une figure de grand au petit ? Sur une ligne indéfinie AL , (*fig.* 34ᵉ.) portez dix fois   34
une même ouverture de compas, aux extrémités
A & B, élevez les perpendiculaires AC , BD ,
divifez chacune de ces perpendiculaires en dix
parties de grandeur arbitraire , mais égales entre
elles ; & par tous les points de divifion , menez
des parallèles à la ligne indéfinie AL ; tirez enfuite des tranfverfales par tous les points de divifion de AB & de CD, de la manière indiquée dans
la *figure* 34ᵉ.

D'après cette conftruction , il eft évident que
fi AB repréfente 10 lieues , chaque petit quarré
vaudra une lieue , & chaque fubdivifion $\frac{1}{10}$ᵐᵉ. de
lieue ; & fi chaque petit quarré vaut $\frac{1}{3}$ de lieue,
c'eft-à·dire , un mille , chaque fubdivifion vaudra $\frac{1}{10}$ᵐᵉ. de mille. Suppofons qu'on veuille avoir
fur cette échelle 9 milles & $\frac{7}{10}$ de mille , il eft
clair que 9 milles feront repréfentés par (*rf*) , &
les $\frac{7}{10}$ par (*fi*) , puifqu'à caufe que (*tf*) eft parallèle à AI , le triangle ACI eft coupé proportionnellement aux points *t* & *f* : on a donc cette
proportion CA : C*t* : : AI : *tf* ; c'eft-à dire ,
10 : 7 : : 1 : $\frac{7}{10}$.

Ainfi les 9 milles & $\frac{7}{10}$ᵐᵉˢ. font repréfentés fur
l'échelle par la ligne entière (*tr*). On trouveroit
de même toute autre partie entière ou fraction-
naire de cette échelle.

D ij

FIG.

A u t r e P r o b l ê m e.

108... *Trouver une quatrième proportionnelle à trois lignes données* AB, AE, AC.

35　　Après avoir tiré deux lignes indéfinies AF, AL (*fig.* 35ᵉ.), qui faſſent entr'elles un angle quelconque, on portera la première ligne donnée AB ſur AF; on portera de même la ſeconde ſur AL, & on menera la ligne BE. On portera de même la troiſième ligne donnée de A en C ſur le côté AF; & ayant tiré la parallèle CD, la ligne AD ſera la quatrième proportionnelle demandée.

Car à cauſe des parallèles, les côtés AF, AL ſont coupés proportionnellement; on a donc AB : AE :: AC : AD.

C'eſt ſur ce principe qu'a été conſtruit le compas de proportion; ce compas a pluſieurs uſages, mais ſur-tout on s'en ſert commodément pour trouver les lignes proportionnelles.

109... *Caractères de la ſimilitude des Triangles.*

Ces caractères ſont eſſentiels pour juger de la ſimilitude de deux figures; car pour qu'elles ſoient ſemblables, ce n'eſt pas aſſez qu'elles ſoient diviſées en un même nombre de triangles, il faut encore que ces triangles ſoient ſemblables dans chacune. Nous allons établir ici les caractères auxquels on doit reconnoître la ſimilitude des triangles.

T h é o r ê m e X I.

Premier Caractère.

36　　110, *Deux triangles* (*acd*) ACD (*fig.* 36ᵉ.);

qui ont deux angles égaux, chacun à chacun, ont aussi leurs côtés homologues proportionnels, & sont par conséquent semblables.

On appelle en général dimensions *homologues* de deux figures semblables, les lignes de même dénomination ou semblablement situées dans chacune.

Si l'angle (*a*) du premier triangle est égal à l'angle A du second, l'angle (*c*) égal à l'angle C, le troisième dans chacun sera nécessairement égal; donc les côtés homologues seront proportionnels; car si l'on applique le petit triangle sur le grand, de manière que l'angle (*a*) tombe sur l'angle A, à cause de l'égalité des angles, les côtés (*ac*), (*ad*) tomberont sur les côtés AC, AD, & le troisième côté (*cd*) sera parallèle au côté CD : on aura donc cette suite de rapports égaux :

$$ad : AD :: ac : AC :: cd : CD ;$$

c'est à-dire, que le côté (*ad*) du premier sera contenu dans le côté AD du second, autant de fois que (*ac*) l'est dans AC, & que (*cd*) l'est dans CD; donc ces deux triangles seront parfaitement semblables.

III... On peut encore tirer de-là cette conséquence, que deux triangles quelconques seront semblables, lorsqu'ils auront les côtés parallèles, ou encore lorsqu'ils auront les côtés homologues perpendiculaires entr'eux, parce que dans l'un & l'autre cas, ils auront leurs angles égaux.

D iij

T H É O R Ê M E XII.

Second Caractère.

112... *Deux triangles qui ont un angle égal compris entre deux côtés proportionnels, ont aussi les deux autres angles égaux , & par conséquent semblables.*

En suppofant les mêmes triangles, fi l'angle (*a*) du premier eft égal à l'angle A du fecond ; & fi les côtés qui comprennent cet angle font tels en même tems qu'on ait *ac* : AC : : *ad* : AD , je dis que ces deux triangles auront leur troifième côté parallèle , & par conféquent dans le même rapport que les deux premières : donc ils feront femblables.

T H É O R Ê M E XIII.

Troifiéme Caractère.

113... *Deux triangles qui ont leurs trois côtés homologues proportionnels , ont néceffairement leurs angles égaux , & font par conféquent femblables.*

Si les côtés homologues des deux triangles (*acd*) ACD font tels , qu'on ait *ad* : AD : : *ac* : AC : : *cd* : CD , en appliquant ces deux triangles l'un fur l'autre , le troifième côté du premier fera néceffairement parallèle au troifième côté du fecond , ainfi que nous l'avons fait voir ; donc les angles *a*, *c*, *d*, feront égaux aux angles A, C, D ; par conféquent les deux triangles feront parfaitement femblables.

114... La similitude de deux triangles ne dépend donc que d'une seule condition ; car s'ils ont leurs angles égaux, on conclut que leurs côtés homologues sont proportionnels ; & si leurs côtés homologues sont proportionnels, on conclut de l'égalité de leurs angles. Une de ces conditions suffit donc dans les triangles, puisqu'elle entraîne nécessairement l'autre. Mais il n'en est pas ainsi des figures qui ont plus de trois côtés : ces deux conditions sont absolument nécessaires à la fois, pour conclure de leur similitude, ainsi que nous le verrons dans peu.

THÉORÊME XIV.

115... *Si deux cordes AB, CD (fig. 37ᵉ.), où un diamètre & une corde se coupent dans un cercle, sous quelque angle que ce soit, les parties de l'une seront réciproquement proportionnelles aux parties de l'autre; c'est-à dire, qu'on aura cette proportion,* AE : CE :: DE : BE.

Pour se convaincre de la vérité de cette proposition, qu'on mène les cordes AC, BD, les deux triangles AEC, BED, seront semblables, puisqu'outre l'angle en E, égal de part & d'autre, on a CAB=BDC; donc AE : CE :: DE : BE.

116... La même chose aura encore lieu si la corde CD (*fig.* 38ᵉ.), est perpendiculaire sur le diamètre AB; dans ce cas, comme dans le précédent, on aura AE : CE :: DE : BE; mais comme la corde est coupée en deux parties égales, & que CE=DE, la proportion se change en

FIG. celle-ci , $\div$ AE : CE : BE. Donc toute perpendiculaire CE, abaissée d'un point quelconque C de la circonférence sur le diamètre , est moyenne proportionnelle entre les deux segmens AE, BE, de ce diamètre.

De là on tire la manière de résoudre le problême suivant.

P R O B L Ê M E.

39   117... *Trouver une ligne qui soit moyenne proportionnelle entre deux lignes données* AC, BC, (*fig.* 39e.).

Joignez ces deux lignes bout à bout ; & du milieu de leur somme, comme centre, décrivez une demi-circonférence. Du point de réunion de ces deux lignes, élevez la perpendiculaire BD jusqu'à la rencontre de la circonférence, cette perpendiculaire sera la moyenne proportionnelle demandée.

T H É O R Ê M E XV.

40   118... *Si d'un point quelconque* A, *hors de la circonférence d'un cercle* (fig. 40e.), *on mène deux sécantes* AB, AC, *jusqu'à la partie concave du cercle, & sous quel angle que ce soit, ces sécantes seront réciproquement proportionnelles à leurs parties extérieures* AF, AG; *c'est-à-dire, qu'on aura toujours* AB : AC :: AG : AF.

En effet, si l'on tire les deux cordes BG, CF, on aura deux triangles semblables AGB, AFC; car outre l'angle A de commun, ils ont encore l'angle B $=$ C ; donc AB : AC :: AG : AF.

Si l'on conçoit maintenant que la fecante FIG.
AC s'éloigne de AB, en tournant autour du
point A, & vienne dans la pofition AH ; fi l'on
imagine en même tems deux cordes menées de H
en B & en F, on aura, en vertu de cette conftruction, deux nouveaux triangles femblables,
ABH, AFH, qui donneront cette autre proportion, AB : AH : : AH : AF, d'où l'on conclura
que la tangente AH eft moyenne proportionnelle
entre la fecante entière & fa partie extérieure.

On fe fert de cette propofition pour déterminer en mer à quelle diftance on peut porter fa
vue, lorfqu'on eft élevé d'une certaine quantité
au-deffus de fa furface.

Des Polygones femblables.

119... Deux figures d'un même nombre de
côtés font femblables, lorfque tous les angles de
l'une font égaux aux angles correfpondants de
l'autre, & que leurs côtés homologues font proportionnels. Ces deux conditions font néceffaires
à la fois pour établir la fimilitude entre les figures
qui ont plus de trois côtés.

Théorême XVI.

120... *Si de deux angles correfpondants A*
& (a) de deux polygones femblables ABC DEF,
(abcdef) (fig. 41ᵉ.), on mène des diagonales aux
autres angles, ces deux polygones feront partagés
en un même nombre de triangles femblables ; &
réciproquement fi ces polygones font divifés en un

*même nombre de triangles femblables , ils feront
femblables entr'eux.*

Par la première fuppofition , l'angle B eft égal
à l'angle (*b*), & les côtés AB , BC , font proportionnels aux côtés (*ab* '*bc*) ; donc les triangles
ABC (*abc*) font femblables, & donnent AB : *ab* : :
BC : *bc* : : AC : *ac* : or par la même fuppofition ,
on a BC : *bc* : : CD : *cd* ; donc AC : *ac* : : CD : *cd*.
Les deux triangles ACD , *acd* , ont donc un
angle égal , chacun à chacun , compris entre
deux côtés homologues proportionnels ; donc ils
font femblables. On fera voir de même que les
deux triangles ADE , AEF , font femblables aux
triangles correfpondants (*ade*) (*aef*) , & que par
conféquent les deux polygones font partagés en
un même nombre de triangles femblables ; donc
les angles de l'un font égaux aux angles homologues de l'autre.

2°. Si ces polygones font compofés d'un même
nombre de triangles femblables , on a cette
fuite de rapports égaux , AB : *ab* : : BC : *bc* : :
AC : *ac* : : CD : *cd* : : AD : *ad* : : DE : *de* : : AE : *ae*
: : FE : *fe* : : AF : *af*. Ne prenant de cette fuite
que les rapports formés par les côtés extérieurs
de ces deux polygones , on aura AB : *ab* : : BC :
bc : : CD : *cd* : : DE : *de* : : EF : *ef* : : AF : *af* ;
donc ces deux polygones ont auffi leurs côtés homologues proportionnels , & font par conféquent
femblables.

121... *De cette dernière fuite de rapports
égaux , on peut conclure que les contours ou les
périmètres de deux polygones femblables , font*

entr'eux comme deux côtés homologues quel- FIG.
conques.

Car dans une fuite de rapports égaux, la fomme de tous les antécédens eft à la fomme de tous les conféquens, comme un antécédent quelconque eft à fon conféquent ; on aura donc ici $AB + BC + CD + DE + EF + AF : ab + bc + cd + de + ef + af :: AB : ab$; c'eft-à-dire, que le périmètre ou le contour du polygohe ABCDEF eft au contour du polygone (*abcdef*), comme le côté AB du premier eft au côté homologue (*ab*) du fecond ; donc, &c.

Si les polygones font réguliers, il ne fera pas moins vrai que leurs périmètres feront entr'eux comme leurs côtés correfpondants, ou comme la $\frac{1}{2}$, le $\frac{1}{3}$, le $\frac{1}{4}$, & en général comme une partie quelconque de leurs dimenfions homologues.

122... Puifque les cercles peuvent être regardés comme des polygones femblables compofés d'une infinité de côtés, leurs contours ; c'eft-à-dire, *leurs circonférences, feront donc entr'elles comme leurs diamètres, comme leurs rayons, ou comme les arcs d'un même nombre de degrés, & par conféquent comme les cordes qui les foutendent.*

THÉORÊME XVII.

123... *Dans les cercles inégaux, les cordes* BE, DF, (fig. 42e.) *des arcs femblables, ou d'un même nombre de degrés, font entr'elles comme les rayons* CB, CD, *de leurs cercles.* 42

Car les deux triangles CBE , CDF , étant

femblables en vertu de ce qui a été dit (112,
113), on aura donc cette proportion, BE : DF
:: CB : CD. Donc, &c.

Les principes que nous venons de développer,
font la bafe de toutes les connoiffances mathé-
mathiques théoriques & pratiques. C'eft fur la
fimilitude des triangles qu'eft fondée la folution
des principaux problêmes de navigation, puifque
dans tous les cas on fait fur les cartes marines,
fur le quartier de réduction, ou directement par
le calcul, des triangles femblables à ceux qu'on
peut imaginer fur la furface de la mer, décrits
par le mouvement du vaiffeau d'une part, & par
la rencontre des méridiens & des parallèles de
latitude de l'autre.

Toutes les opérations du compas de proportion
pour réfoudre différens problêmes par le moyen
de l'échelle des parties égales & de la ligne des
cordes, ne font qu'une conféquence immédiate
de ce que nous avons dit fur les lignes proportionnelles. Enfin c'eft fur les figures femblables,
que porte l'art & toute la pratique de la levée des
plans & des cartes. Il eft donc effentiel de fe rendre ces principes familiers.

De la mefure des Surfaces.

124... On appelle *furface* ou *fuperficie*, tout
ce que l'on conçoit n'avoir que deux dimenfions,
longueur & largeur. Ces deux dimenfions font
repréfentées dans la furface, par deux lignes
perpendiculaires entr'elles, dont l'une s'appelle
la *hauteur*, & l'autre la *bafe*. Par exemple,

la hauteur du parallelogramme ABCD, (*fig.* 43e.) eſt la perpendiculaire AE; & la ligne BC, ſur laquelle elle tombe, ſe nomme ſa baſe. Dans le rectangle, la hauteur ſe confond avec un des côtés, parce que dans cette figure les angles étant droits, les côtés ſont perpendiculaires entr'eux.

FIG. 43

125... La hauteur du triangle ABC (*fig.* 45e.) eſt la perpendiculaire AE, abaiſſée de l'angle A ſur le côté oppoſé BC, prolongé s'il eſt néceſſaire, & le côté BC eſt la baſe de ce triangle.

45

126... Comme les lignes ſe meſurent par d'autres lignes, même les ſurfaces ſe meſurent par d'autres faces. Tous les Géomètres ont adopté unanimement le quarré, pour ſervir d'unité de meſure aux ſurfaces, parce que c'eſt de toutes les figures régulières celle que l'on peut comparer plus facilement avec les autres, à cauſe de l'égalité de ſes angles & de ſes côtés.

127... En général, lorſqu'on ſe propoſe de meſurer une ſurface, on cherche combien de fois elle contient de petits quarrés d'un pouce, d'un pied ou d'une toiſe, ſelon que la meſure que l'on prend alors pour unité, eſt elle-même d'un pouce, d'un pied, ou d'une toiſe quarrée.

Par exemple, pour meſurer la ſurface du rectangle ABCD (*fig.* 46e.) en pieds quarrés, il faut chercher combien de fois ſa baſe BC contient le côté (*bc*) du pied quarré (*abcd*), pris pour unité de meſure; chercher de même combien de fois ſa hauteur AB contient (*ab*), & alors multipliant ces deux nombres l'un par l'autre, on aura

46

la quantité de pieds quarrés tels que (*abcd*), contenus dans la surface totale ABCD.

Si la base BC , par exemple, contient 8 fois (*bc*), & si AB contient (*ab*) 7 fois, toute la surface ABCD contiendra 56 pieds quarrés , tels que (*abcd*). En effet, si par les points de division de AB , on mène des parallèles à la base BC , on aura 7 rectangles , tels que B*mn*C , chacun de 8 pieds quarrés. En répétant le nombre de pieds quarrés de chacun de ces rectangles, autant de fois que le côté AB contient (*ab*) ; c'est-à-dire, 7 fois , on aura 56 pieds quarrés , tels que (*abcd*) contenus dans la surface ABCD.

128... On voit donc *que la surface d'un rectangle quelconque est égale au produit de sa base par sa hauteur* ; mais il faut observer que dans cet énoncé les unités du multiplicande sont des unités superficielles , & que le multiplicateur est toujours un nombre abstrait qui exprime combien de fois il faut répéter les unités superficielles du multiplicande , pour avoir la surface totale du rectangle.

129... On se conduira de la même manière pour avoir la surface d'un parallelogramme. On cherchera combien de fois le petit quarré pris pour unité de mesure , est contenu dans la base , & combien de fois il l'est dans la hauteur. Multipliant ensuite le nombre des mesures de la base par celui de la hauteur , on aura la surface totale du parallelogramme en toises , pieds , ou pouces quarrés , selon qu'on aura mesuré en toises , pieds ou pouces.

130... Donc pour que deux parallelogrammes soient égaux en surface, il faut que le produit de la base de l'un multiplié par sa hauteur, soit égal au produit de la base de l'autre multiplié par sa hauteur ; & puisque ces deux produits doivent être égaux, on peut donc prendre les deux facteurs de l'un pour les extrêmes d'une proportion, & les deux facteurs de l'autre pour les moyens. Dans cette manière de les considérer, on peut donc dire que lorsque deux parallelogrammes seront égaux en surface, *ils auront leurs bases réciproquement proportionnelles à leurs hauteurs.*

Supposons qu'on ait la surface de deux parallelogrammes exprimée par ces deux produits égaux, 8×7 & 4×14, dont chaque premier terme désigne la base de chacun, on aura cette proportion, $8 : 4 :: 14 : 7$, dans laquelle on voit *que leurs bases 8 & 4 font réciproquement proportionnelles à leurs hauteurs.*

131... Puisqu'un triangle quelconque est la moitié d'un parallelogramme de même base & de même hauteur, il suit, de ce qui vient d'être dit, que pour avoir sa surface, il faut également multiplier sa base par sa hauteur, & prendre la moitié de ce produit ; ou, ce qui revient au même, multiplier la moitié de sa base par sa hauteur, ou sa base par la moitié de sa hauteur.

Donc deux triangles égaux en surface auront aussi leurs bases réciproquement proportionnelles à leurs hauteurs.

FIG. T H É O R Ê M E XVIII.

28 132... *La surface du trapèze* ABCD *(fig.* 28ᵉ.)*, est égale à la demi-somme de ses deux côtés parallèles* AB , DC *, multipliée par sa hauteur* AE.

Car si l'on tire la diagonale AC, la surface du trapèze est divisée en deux triangles ABC , ADC, qui, ayant pour hauteur commune AE, ont pour base l'un AD , & l'autre BC; donc la surface du premier $= \frac{1}{2}$ AD× A E , & celle du second $= \frac{1}{2}$ BC×AE; donc la surface totale du trapèze est égale à la demi-somme des deux côtés parallèles multipliée par AE; ce qui peut être exprimé ainsi, AD+BC×AE.

Si par le milieu G du côté AB , on mène GH parallelement aux deux bases opposées, cette parallèle sera égale à la demi-somme des deux bases, ce qu'on peut voir aisément par les triangles semblables formés d'après cette construction ; de sorte que nous dirons que *la surface totale du trapèze* ABCD *est égale au produit de la parallèle* GH *, menée à égale distance des deux bases opposées, par la hauteur* AE.

133... On voit donc que pour avoir la surface d'un polygone quelconque, il faut le diviser en triangles par des diagonales menées d'un de ses angles, évaluer séparément la surface de chacun de ses triangles , & leur somme exprimera la surface totale du polygone.

134... Si le polygone est régulier *(fig.* 33ᵉ.)*, sa surface sera égale au produit de son con-*

tour

tour ABCDEF, *par la moitié de la perpendicu-laire CH, abaissée de son centre sur l'un quelconque de ses côtés.* Cette perpendiculaire s'appelle *l'apothême* du polygone.

Car si du centre du polygone on mène des rayons à tous ses angles, ces lignes diviseront le polygone en autant de triangles égaux qu'il a de côtés. Or la surface de chacun de ces triangles, tels que CED, est égale au produit de la base ED, par la moitié de sa hauteur CH ; donc la surface de tous ces triangles est égale au produit de la somme de toutes leurs bases par la moitié de la hauteur CH, & par conséquent la surface totale du polygone régulier est égale au produit de son périmètre par la moitié de son apo-thême.

135... Puisqu'on peut considérer le cercle comme un polygone régulier d'une infinité de côtés dont chacun se confond avec les différens points de sa circonférence, la perpendiculaire abaissée du centre sur chacun de ces côtés infini-ment petits, doit être égale au rayon ; par con-séquent on peut dire que *la surface du cercle est égale au produit de sa circonférence par la moitié du rayon.*

136... Dans la comparaison des figures sem-blables, nous avons vu que les circonférences des cercles étoient entr'elles comme leurs diamè-tres, ou comme leurs rayons. Si en partant de ce principe, on vouloit déterminer la circonfé-rence d'un cercle de 12 pieds ; par exemple, connoissant d'avance la circonférence d'un autre

cercle & fon diamètre , il eft vifible qu'il ne s'a-
giroit que de calculer le quatrième terme de cette
proportion.

*Le diamètre de la circonférence connue eft à fa
circonférence auffi connue , comme le diamètre de
1 2 pieds eft à fa circonférence.*

137... Toutes les recherches des Géomètres
fur le rapport du diamètre à la circonférence, fe
réduifent à faire voir d'une part que ce rapport
ne peut être exprimé en nombres finis & ration-
nels , & que par conféquent la quadrature du
cercle eft introuvable ; & d'une autre , à nous
donner des valeurs affez approchées & auffi exactes qu'il eft néceffaire dans la pratique.

De tous les anciens Géomètres , *Archimède*
paroît être le premier qui fe foit occupé de cette
recherche. En fuppofant que le diamètre d'un
cercle fût de 7 pieds , il a trouvé que la longueur de fa circonférence devoit être de 2 2 pieds,
à très-peu de chofe près. Le rapport de 7 : 22
eft le plus exact qu'on puiffe efpérer , lorfqu'on
ne veut employer que deux chiffres à déterminer
la circonférence d'un cercle d'un diamètre connu.
On peut même fe difpenfer de calculer la proportion ; il fuffit , pour avoir la longueur de la
circonférence , de tripler fon diamètre , & d'a-
jouter à ce triple la feptième partie de ce diamètre.

138... *Adrien Métius* , Mathématicien Hollandois , nous a donné un rapport beaucoup plus
approché & plus exact que celui d'*Archimède* ;
c'eft celui de 1 1 3 : 3 5 5. Ce rapport eft tel qu'il

faudroit que le diamètre d'un cercle fût de trois millions de pieds, pour qu'on fît, en se servant de ce rapport, une erreur d'un pied sur la circonférence.

Problême.

139... En se servant du rapport de *Métius*, *trouver la longueur de la circonférence d'un cercle de* 12 *pieds de diamètre, & déterminer sa surface en pieds quarrés.*

Pour avoir la longueur de la circonférence, je calculerai le quatrième terme de cette proportion.

$$113 : 355 :: 12 : x = 36 \frac{72}{113}.$$

Pour avoir sa surface, je multiplierai la circonférence trouvée $36 \frac{72}{113}$ de pied par la moitié du rayon, & j'aurai $110 \frac{10}{113}$ de pieds quarrés pour la surface d'un cercle de 12 pieds de diamètre.

140... Si l'on demandoit de trouver la longueur d'un arc de 36°., appartenant à un cercle de 12 pieds de diamètre, après avoir calculé la longueur de la circonférence comme ci-dessus, on chercheroit le quatrième terme de cette proportion :

$$360° : 36°. :: 36 \frac{92}{113} : x = 3 \frac{770}{1130} \text{ de pied.}$$

Ce que nous venons de dire sur la mesure des surfaces est suffisant pour déterminer celle de toute espèce de figure rectiligne.

E ij

FIG.

De la Comparaifon des furfaces.

141 ... Nous venons de voir que la furface d'un parallelogramme eft égale au produit de fa bafe par fa hauteur. Donc, en comparant les furfaces de ces fortes de figures, nous dirons que les furfaces des parallelogrammes font en général comme le produit des bafes par les hauteurs ; & à caufe que les triangles ne font que la moitié des parallelogrammes de même bafe & de même hauteur, les furfaces des triangles femblables font donc auffi entr'elles comme la moitié de ce produit. Par exemple, en comparant les furfaces des deux

43   parallelogrammes (*fig.* 43e. & 44e.), nous dirons la furface ABCD : la furface GHLM : : BC×AE : HL×GI.

142... Donc les parallelogrammes & les triangles qui auront même hauteur, feront entr'eux comme leurs bafes, & ceux qui auront même bafe, feront entr'eux comme leurs hauteurs ; car le rapport de ces produits ne changera point, fi l'on retranche de chacun le facteur qui leur eft commun.

T H É O R Ê M E XIX

143... *Les furfaces des parallelogrammes fem-blables font entr'elles comme le quarré de leurs côtés homologues.*

44   Car nous venons de voir que ABCD : GHLM : : BC×AE : : HL×GI ; mais ces deux parallelo-grammes étant de figures femblables, les triangles ABE, GHI, le font auffi : on a donc, à

caufe de leur fimilitude, AE : GI :: AB : GH ; **FIG.**
& à caufe de la fimilitude des deux parallelogrammes, on a aufli BC : HL :: AB : GH. Donc
en multipliant ces deux proportions par ordre,
on aura AE×BC : GI×HL :: AB×AB : GH×GH ;
donc la furface ABCD : la furface GHLM
:: $\overline{AB}^2$: $\overline{GH}^2$.

On peut en dire autant des triangles femblables, puifque les moitiés, & en général les parties femblables font entr'elles comme les tous.

*Donc en général les furfaces des polygones
femblables font entr'elles comme les quarrés des
côtés ou des lignes homologues,* puifque leur furface eft divifée en un même nombre de triangles
femblables & femblablement fitués.

Donc, puifque les cercles font des figures
femblables, *leurs furfaces feront aufli entr'elles
comme les quarrés de leurs diamètres, de leurs
rayons, ou des cordes d'un même nombre de
degrés.*

De là on peut déduire les propriétés du quarré
de l'hypotheneufe, la quarante-feptième propofition d'*Euclide*, & l'une des plus importantes
de toute la Géométrie, à caufe de fon ufage
continuel, & de fes différentes applications. En
voici l'énoncé.

Théorème XX.

144... *Dans tout triangle rectangle* BAC, *le
quarré* BILC, *conftruit fur l'hypotheneufe* BC, **47,**
eft toujours égal à la fomme des quarrés BAEF

FIG. $+$ ACGH, *conftruits fur les deux autrescôtés* AB,

AC ; c'eft-à-dire, qu'on a toujours $\overline{BC}^2 = \overline{AB}^2$

$+ \overline{AC}^2$.

47   Si de l'angle droit A , on abaiffe fur l'hypotheneufe la perpendiculaire AD , les deux triangles BDA , ADC , feront femblables entr'eux
& au grand triangle BAC ; car outre qu'ils font
tous trois rectangles , le premier a l'angle B de
commun avec le grand triangle , & le fecond a
l'angle C ; ils font donc tous deux femblables
au triangle BAC, donc ils font femblables entre
eux ; par conféquent leurs furfaces feront entre
elles comme le quarré de leurs côtés homologues : on aura donc cette fuite de rapports

égaux , $BDA : \overline{BA}^2 :: ADC : \overline{AC}^2 :: BAC : \overline{BC}^2$,
ou BDA : BAEF :: ADC : ACGH : : BAC
: BILC. Mais nous avons vu que dans une fuite
de rapports égaux , la fomme des antécédens
eft à la fomme des conféquens, comme un antécédent quelconque eft à fon conféquent ; donc
on aura $BDA + ADC : BAEF + ACGH \cdot : BAC$
: BILC. Or il eft évident que le triangle BAC
vaut la fomme de deux petits triangles BDA
$+$ ADC ; donc BILC vaut BAEF $+$ ACGH ,

ou ce qui eft la même chofe , $\overline{BC}^2 = \overline{AB}^2 + \overline{AC}^2$.

Puifque le quarré de l'hypotheneufe vaut la
fomme des quarrés des deux côtés de l'angle
droit , on doit conclure que le quarré d'un des

côtés de l'angle droit, vaut le quarré de l'hypotheneuse, moins le quarré de l'autre côté ; ce qui s'exprime de cette manière :

$$\overline{AB}^2 = \overline{BC}^2 - \overline{AC}^2 \text{ ou } \overline{AC}^2 = \overline{BC}^2 - \overline{AB}^2.$$

Donc, connoissant deux côtés d'un triangle rectangle, on peut toujours calculer le troisième ; car, en supposant l'hypotheneuse de 5 toises, le côté AC de 4, & le côté AB de trois, j'aurai $25 = 16 + 9$; donc $16 = 25 - 9$, ou $9 = 25 - 16$.

TRIGONOMÉTRIE.

145... On entend sous le nom général de *Trigonométrie*, l'art de déterminer les côtés ou les angles d'un triangle quelconque, par la connoissance de quelques-unes de ses parties ; & comme les triangles que l'on peut considérer, peuvent être rectilignes ou sphériques, delà vient aussi la distinction de cette partie de la Géométrie en *Trigonométrie rectiligne* ou *plane*, & en *Trigonométrie sphérique*.

La première dont nous allons nous occuper d'abord, enseigne à mesurer les angles & les côtés des triangles formés sur un même plan par des lignes droites.

La seconde qui suivra immédiatement après, a pour objet la résolution des triangles formés sur la surface de la sphère, ou dans la concavité des cieux, par l'interjection de trois arcs de grand cercle.

FIG.   L'une & l'autre font très-utiles aux Navigateurs, foit pour connoître la direction & la marche d'un navire, foit pour déterminer fa pofition
fur la furface de la mer; mais les reffources de la
feconde font infiniment plus ingénieufes que
celles de la première.

Principes généraux de Trigonométrie rectiligne.

146... Tout triangle ayant trois angles & trois
côtés, eft compofé par conféque. t de fix parties.
Le calcul trigonométrique confifte à trouver la
valeur d'un angle ou d'un côté d'un triangle,
par la connoiffance de trois autres de fes parties,
pourvu que dans ces trois parties il y ait un
côté. Sans cela, la queftion feroit indéterminée,
parce qu'avec trois angles donnés, on conçoit
aifément qu'on peut former une infinité de triangles, qui, avec les mêmes angles, auront néanmoins les côtés homologuës différens. Il faudroit
donc que le calcul donnât à la fois toutes ces différences, ce qui eft impoffible.

48   147... Quoique, parmi les trois chofes connues, il y entre un côté, il peut néanmoins
arriver un cas où la queftion refte encore dou-
teufe. Par exemple, dans le triangle ADC, fi
l'on ne connoît que les deux côtés AD, DC,
& l'angle C oppofé à l'un de ces côtés, on ne
peut affigner précifément la valeur de l'angle A,
ni celle du troifième côté AC; car avec les
mêmes données, on peut former également ou
le triangle ADC ou le triangle BDC, différens

entr'eux , comme l'on voit , quoique les côtés FIG.
DC & DB ou DA foient les mêmes , ainfi que
l'angle C. Dans ce cas , il faut favoir encore de
quelle efpèce doit être l'angle oppofé à l'un des
côtés connus. Ce cas fe préfente très-rarement
dans la pratique.

148... Quoique le calcul de la Trigonométrie
confifte , ainfi que nous l'avons dit , à trouver
une des fix parties d'un triangle dont on en connoît trois , cependant, pour exécuter la proportion néceffaire dans tous les cas, on ne fait pas
ufage des angles ou des arcs qui leur fervent de
mefure, puifqu'il n'y a pas de rapport exact entre les angles & les côtés d'un triangle ; mais
on fubftitue à leur place des lignes droites proportionnelles à ces côtés , & plus commodes à
employer dans le calcul. Il convient donc, avant
d'aller plus loin , de faire connoître ces lignes ,
& de faire voir comment elles peuvent tenir lieu
des angles dans le calcul.

*Des Sinus , co-Sinus , Tangentes , co-Tangentes ,
Secantes , co-Secantes.*

149... Si d'un point C comme centre, & d'une
ouverture de compas arbitraire CB, on décrit
une circonférence de cercle , & fi l'on mène en
dedans & en dehors de ce cercle des lignes femblables à celles que l'on voit dans la *fig.* 49ᵉ., la
perpendiculaire AE fera le *finus* de l'angle ACB
ou de l'arc AB ; la droite BD, perpendiculaire à
l'extrémité du rayon BC , fera la *tangente* du

même angle ACB ; & la droite CD , qui n'eſt autre choſe que le rayon CA prolongé juſqu'à la rencontre de la tangente en D , ſera ſa ſecante.

150... On en dira autant des lignes droites qui appartiennent à l'angle ACH , complément de ACB. La perpendiculaire AL ſera donc le ſinus de l'angle ACH ou de l'arc AH ; HI ſera ſa tangente , & CI ſa ſecante.

Mais comme cet angle eſt le complément de ACB , on appellera AL , HI & CI , le ſinus , la tangente & la ſecante du complément de ACB ou de l'arc AB ; & pour abréger, on dira ſimplement *co-ſinus* , *co-tangente* & *co-ſecante*.

151... On voit donc que le ſinus d'un angle eſt une perpendiculaire abaiſſée de l'extrémité d'un de ſes côtés pris pour rayon ſur l'autre côté, prolongé s'il eſt néceſſaire.

Ou bien encore que le ſinus d'un arc quelconque eſt la moitié de la corde qui ſoutend un arc double ; par exemple , la droite AE , ſinus de l'arc AB , eſt la moitié de la corde AF , qui ſoutend l'arc ABF , double de AB.

152... De cette dernière définition , il ſuit que le ſinus d'un arc ou d'un angle de 30°. , eſt égal à la moitié du rayon ; car il doit être la moitié de la corde de 60°. , ou du côté de l'hexagone régulier que nous avons vu (102) être égal au rayon.

153... Lorſque l'angle ou l'arc qui lui ſert de meſure , eſt de 45°. , ſa tangente eſt égale au rayon , ainſi que ſa co-tangente , parce qu'alors

les triangles rectangles CBD, CHI, deviennent
égaux & izocelles.

154... Si l'on conçoit maintenant que l'angle
ACB ou son arc AB augmente, il est visible
que son sinus, sa tangente & sa secante augmenteront aussi. Par la même raison, son co-
sinus, sa co-tangente & sa co-secante diminueront jusqu'à ce que l'angle aigu ACB soit égal
à l'angle droit BCH. Alors son sinus sera égal
au rayon CH, qui est le plus grand de tous les
sinus, que, pour cette raison, on nomme *sinus
total*. Sa tangente & sa secante seront parallèles
entr'elles & infinies en longueur, puisqu'elles
ne pourront plus se rencontrer. Son co-sinus,
sa co-tangente & sa co-secante seront réduites à
zero, puisqu'un angle droit n'a point de complément.

155... Mais si l'angle droit BCH passe 90°.,
son sinus, sa tangente & sa secante diminueront
à mesure que cet angle deviendra plus obtus;
au contraire, son co-sinus, sa co-tangente & sa
co-secante augmenteront jusqu'à ce que cet angle ait atteint 180°. Parvenu à ce terme, il en
sera de toutes ces lignes le contraire de ce qui
avoit eu lieu, lorsque l'angle étoit arrivé à 90°.;
c'est-à-dire, que le sinus, la tangente & la secante seront réduites à zero, tandis que le co-
sinus sera égal au rayon C*b*, la co-tangente &
la co-secante seront infinies.

156... Si nous considérons cet angle dans son
état d'accroissement au-delà de 90°., lorsqu'il est
devenu égal à *b*C*a*, par exemple, nous verrons

FIG. que cet angle obtus *b*C*a* n'a pas de finus , proprement dit ; car fi de l'extrémité (*a*) de l'arc
BH*a* , qui lui fert de mefure , on tire la perpen-
49 diculaire (*ae*) , fur le rayon qui paffe par l'autre
extrémité , cette ligne tombera hors de cet angle ,
& fera le finus de l'angle aigu *a*C*b* , qui en eft
le fupplément. Il en fera de même du co-finus ,
de la tangente , de la co-tangente , &c.

Donc pour avoir le finus , le co-finus , la tangente , la co-tangente , &c. d'un angle , ou d'un
arc au-deffus de 90°., il faut prendre le finus ,
le co finus , la tangente , la co-tangente , &c. du
fupplément de cet angle ou de cet arc.

Idée générale de la conftruction des Tables de finus , tangentes , &c.

157... Pour avoir une idée générale de la
conftruction des tables de finus , imaginons que
le rayon du cercle ABFH foit divifé en un très-
grand nombre de parties égales , par exemple ,
en dix billions de parties , fi l'on prend la grandeur du rayon pour mefure commune de toutes
les lignes dont nous venons de parler , il eft
certain que les finus , tangentes & fecantes con-
tiendront plus ou moins de ces parties , felon
qu'elles appartiendront à des angles plus grands
ou plus petits. Enfuite les angles obtus n'ayant
d'autre finus , que celui de leur fupplément , il
eft donc fuffifant de chercher les finus des
angles compris entre zero & 90°. De forte que
le travail fe trouve par là diminué de la moitié ;

il le feroit bien davantage , fi les finus des angles **FIG.**
étoient proportionnels à la valeur de ces mêmes
angles : car connoiſſant le finus de 30°. , par
exemple , il feroit facile de trouver , par une **49**
fimple proportion , le finus d'un autre arc ou
d'un autre angle quelconque. Mais il n'en eſt pas
ainfi , comme nous l'avons dit (146) ; les finus
font proportionnels aux côtés des angles , & non
à la valeur de ces mêmes angles. La queſtion
eſt donc réduite à chercher les cordes de tous les
arcs , depuis 2′ , jufqu'à 90°. ; car la moitié de
chacune de ces cordes eſt le finus de la moitié de
l'arc qu'elle foutend. Voilà l'objet fondamental
des tables.

158... Après avoir trouvé les finus de toutes
les minutes du quart de cercle , par des méthodes analogues à celles qui font en ufage pour
trouver la longueur d'un arc de cercle d'un diamètre connu , on a déterminé les co-finus par
les propriétés du quarré de l'hypothéneufe. Par
exemple , dans le triangle rectangle AEC , connoiſſant le finus AE & le rayon AC , pour avoir
EC=AL , qui eſt le co-finus de AB, du quarré
du rayon ou de l'hypothéneufe AC , je fouſtrais
le quarré de AE , & j'ai pour reſte le quarré de
EC , dont la racine eſt la valeur du co-finus de
l'arc AB.

Les finus & co-finus étant connus, on a trouvé
par de fimples proportions les tangentes , co-
tangentes , les fecantes & co-fecantes de tous
les angles aigus ou de tous les arcs au-deſſous
de 90°. Par exemple , qu'il foit queſtion de

FIG. trouver la tangente de l'angle ACB, à cause des triangles semblables ACE, DCB, on aura CA : AE : : CD : BD ; c'est à dire, co-finus AB : finus AB : : rayon : tangente AB. Veut-on dé-

49 terminer fa fecante CD ? on aura CE : CA : : CB : CD ; c'est à-dire, co-finus AB : R : : R : fe-cante AB.

Comme ces deux dernières proportions font d'une grande utilité dans différens cas de la Trigonométrie rectiligne & sphérique, il eft bon, avant d'aller plus loin, de fixer ici leur propriété & l'usage qu'on en peut faire.

159... Connoiffant, par la première, la tan-gente de l'arc AB, fi je veux avoir fa co-tan-gente HI, à cause des triangles semblables DBC, CHI, j'aurai DB : BC : : CH : HI ; c'est-à-dire, tang. AB : R : : R : co-tang. AB. Pour calculer la co-tangente d'un autre arc, tel que BG, dont la tangente feroit déja connue, je dirai tang. BG : R : : R : co tang. BG.

Or ces deux dernières proportions ayant les mêmes termes moyens, les produits de leurs extrêmes doivent être néceffairement égaux. On peut donc de leurs extrêmes former une nouvelle proportion, qui aura pour premier & quatrième terme les extrêmes de l'une, & pour termes moyens les extrêmes de l'autre ; ce qui formera cette nouvelle proportion :

Tang. AB : tang. BG : : co-t. BG : co-t. AB;

par où l'on voit *que les tangentes des deux arcs font en raison inverse ou réciproque de leurs co-*

tangentes. En effet, nous avons vu (154) que
les co-tangentes diminuent à mesure que les tangentes augmentent, & réciproquement.

160... La seconde proportion qui nous a
donné la secante de l'arc AB, peut nous fournir
une propriété, qui est le fondement des cartes
réduites ; car de même que nous avons fait voir
que co-f. AB : R : : R : fec. AB, nous prouve-
rons auffi, pour tout autre arc quelconque, tel
que BG, que co-finus BG : R : : R : fec. BG ; &
en raisonnant comme ci deffus, on en déduira
celle-ci, co-f. AB : co-f. BG : : fec. BG : fec. AB ;
ce qui fait voir *que les co-finus de deux arcs font
en raifon inverfe de leurs fecantes ; c'eft-à-dire,
que les fecantes augmentent comme les co-finus
diminuent, & reciproquement.* C'eft de cette dernière propriété dont nous ferons ufage, fur-tout
pour la conftruction des cartes réduites.

161... Les Géomètres, dans la vue de fimplifier les calculs de la Trigonométrie, ont déterminé les logarithmes des finus, co-finus, tangentes, &c., par les mêmes principes que ceux
des nombres naturels ; & la plupart des tables dont
on fait ufage aujourd'hui, ne contiennent que ces
mêmes logarithmes qu'on emploie dans le calcul à la place de leur valeur numérique. Par ce
moyen, toutes les opérations de Trigonométrie
fe réduifent prefque toujours à de fimples additions & fouftractions : on peut même les réduire
à la feule addition, par l'ufage des complémens
arithmétiques.

162... On entend par complément arithmé-

FIG. tique, la différence qu'il y a entre le logarithme du rayon qui est toujours 10,000,000, & celui du sinus, co-sinus, &c., d'un angle ou d'un arc quelconque ; mais lorsqu'on se sert des complémens arithmétiques, il faut retrancher de la caractéristique du logarithme-somme autant de dixaines qu'on a employé de complémens arithmétiques. Nous aurons mille occasions dans la suite d'éclaircir ceci par des exemples.

163... Les premiers Géomètres qui entreprirent le calcul des logarithmes des sinus, co-sinus, &c., supposerent que le rayon étoit divisé en 10,000,000,000 de parties ; mais comme les calculs ordinaires n'exigent pas une si grande précision, on supprima dans la suite les cinq derniers chiffres des valeurs numériques des sinus, co sinus, &c. Néanmoins on conserva toujours la même caractéristique à leur logarithme ; en sorte que lorsqu'on fait usage des logarithmes des sinus, co-sinus, &c., on calcule dans la supposition tacite que le rayon est toujours de 10 billions de parties ; c'est pourquoi on ne doit pas être surpris de leur trouver une caractéristique aussi forte.

La résolution de tous les problêmes de Trigonométrie rectiligne est fondée sur cette proposition générale.

THÉORÊME PREMIER.

50   164... *Dans un triangle rectiligne quelconque ADC, les sinus des angles sont entr'eux comme les côtés qui leur sont opposés.*

Des

Des points A & C comme centres, & avec FIG.
les rayons égaux AD, CF, décrivez deux arcs
de cercle ; & de l'extrémité de chacun de ces
arcs, abaissez les perpendiculaires DB, FE ; en
vertu de ce qui a été dit (151), la droite DB 50
sera le sinus de l'angle A, & FE celui de l'angle C. Donc, à cause des triangles semblables
CBD, CEF, on aura DB : FE : : CD : CF ou AD ;
c'est-à-dire, le sinus de l'angle A est au sinus
de l'angle C, comme le côté DC, opposé au
premier, est au côté AD, opposé au second.
Donc, &c.

165... *Résolution des Triangles rectangles.*

Comme dans les triangles rectangles, l'angle
droit est une chose constante & connue, & que
son sinus est égal au rayon, il suffit, dans ces
sortes de triangles, de connoître deux choses,
outre l'angle droit, afin d'être en état de déterminer tout le reste ; mais parmi ces connues, il
doit y avoir un côté.

La résolution de tous les cas des triangles rectangles se réduit aux deux analogies suivantes,
émanées de la proposition générale énoncée ci-
dessus (164).

Dans tout triangle rectangle CBD (*fig.* 51e.).

PREMIERE ANALOGIE.

166... *Le rayon des tables, ou sinus total,*
est au sinus d'un des angles aigus, 51
comme l'hypothéneuse
est au côté opposé à cet angle aigu.

F

En effet , fi dans le triangle CBD on prend CF pour le rayon des tables , FE fera le finus de l'angle C ; & à caufe des triangles femblables CEF , CBD , on a CF : FE :: CD : CB ; c'eft-à-dire , le rayon des tables eft au finus de l'angle C, comme l'hypothéneufe eft au côté oppofé à cet angle.

On voit par là que dans tout triangle rectangle, en prenant l'hypothéneufe pour rayon, chaque côté de l'angle droit devient le finus de l'angle qui lui eft oppofé. On fe fert de cette première analogie dans les cas où l'on connoît l'hypothéneufe & un des angles aigus, ou l'hypothéneufe eft un des côtés de l'angle droit.

Dans tout triangle rectangle CBD (*fig.* 54ᵉ.).

II. A N A L O G I E.

{ 167... *Le rayon ou le finus total eft à la tangente d'un des angles aigus, comme le côté de l'angle droit adjacent à cet angle eft au côté oppofé à ce même angle.*

Si l'on prend CE pour rayon des tables , EF fera la tangente de l'angle C ; & à caufe des triangles femblables CEF , CBD , on aura CE : EF :: CB : BD ; c'eft-à-dire, le rayon des tables eft à la tangente de l'angle C, comme le côté BC, adjacent à cet angle , eft au côté BD oppofé à ce même angle.

Donc dans tout triangle rectangle, en prenant un des côtés de l'angle droit pour rayon , l'autre côté devient la tangente de l'angle qui lui eft oppofé. Cette feconde analogie peut fervir dans

les cas où l'on connoît un angle aigu & un côté FIG.
de l'angle droit, ou bien les deux côtés de l'angle
droit.

On prévoit aisément qu'il est néceffaire de
faire dans certains cas quelques légères permutations aux termes de ces deux analogies, afin d'en
rendre l'application facile.

Nous allons éclaircir tout cela par des exemples ; mais nous confeillons aux commençans d'a-
voir fous les yeux une rofe des vents, afin de
mieux faifir l'état de chaque queftion.

Exemple I.

168 ... Je fuppofe qu'un vaiffeau, en partant   52
du point C du triangle rectangle ABC, n°. 1,
ait cinglé felon la ligne CA fituée au Nord-eft,
& qu'il ait avancé de 15 lieues vers le Nord, on
demande la longueur de fa route.

Puifqu'il a cinglé au Nord-eft, l'angle de fa
route avec la ligne Nord & Sud, eft de 45°. (1),
on peut donc la repréfenter par la ligne AC parallèle au Nord-eft ; l'angle C de 45°. fera donc
l'angle de rumb de vent par lequel il a cinglé,
& la ligne AB exprimera les 15 lieues courues
au Nord. Dans ce triangle ABC, on connoît
deux chofes, outre l'angle droit ; favoir, le côté
AB & l'angle C ; donc l'angle A, complément
de l'angle C, fera auffi connu ; pour trouver AC,

---

(1) Les angles des rumbs de vent fe comptent à partir
du Nord ou du Sud, jufqu'à l'Eft ou à l'Oueft.

FIG.
52

qui eſt la longueur de ſa route , ou l'hypothéneuſe du triangle ABC. On appliquera la première analogie , & on aura ,

ſin. A : Rayon : : AB : AC

ou . . ſin. 45°.: R : : 15 lieues : AC longueur de ſa route.

Opérant par logarithmes on aura ,

Logarithme du rayon : . . . . . 10 , 000000

Logarithme de 15 lieues . . . 1 , 176091

Somme . . . . . 11 , 176091

Moins logarith. ſinus de 45°. — 9 , 849485

Différence . . . . 1 , 326606

Ce logarithme , cherché dans les tables des nombres naturels , répond à 21 lieues & une fraction. Pour avoir cette valeur approchée à moins d'un dixième , il faut chercher ce logarithme avec une unité de plus à ſa caractériſtique , & on aura 21 , 2 ; c'eſt-à-dire , 21 lieues plus deux dixièmes de lieues.

Exemple I Iᵉ.

169... En partant du point C, nᵒ. 2 , on a couru 32 lieues ſur la ligne AC , dont la direc-tion eſt parallèle à la ligne Nord-nord-eſt de la bouſſole. On demande de combien on a avancé vers l'Eſt & vers le Nord.

L'angle du rumb de vent , ou l'angle C, étant de 22°. 30′ , on connoît trois choſes dans le triangle rectangle ABC , nᵒ. 2 ; l'angle droit B ,

l'angle C & le côté AC. Pour trouver AB , qui FIG.
repréfente la quantité dont on a avancé vers
l'Eft, on fera cette proportion , Rayon : fin. C 52
:: AC : AB ; c'eft-à-dire, Rayon : fin. 22°. 30′
:: 32 lieues : AB.

Opération par Logarithmes.

Logarithme finus.... 22°. 30′ .. 9 , 582839
Logarithme de . ... 32 lieues .. 1 , 505150

Somme . . . . 11 , 087989
Moins logarithme du rayon — 10 , 000000

Différence . . . . . . 1 , 087989
= 12 , 25 ; c'eft-à-dire, que AB eft de 12 lieues
& 25 centièmes de lieues , parce que ce dernier
logarithme a été cherché dans les tables, avec
deux unités de plus à fa caractériftique.

Pour avoir BC , qui eft la quantité dont on
a avancé vers le Nord , on fera celle-ci, R : fin. A
:: AC : BC; c'eft-à-dire, R : fin. 67°. 30′ , complément de 22°. 30′ :: 32 lieues : BC.

Opération.

Logarithme finus ... 67°. 30′ ... 9 , 965615
Logarithme de .... 32 lieues .. 1 , 505150

Somme . . . . . . 11 , 470765
Moins logarithme du rayon — 10 , 000000

Différence . . . . . . 1 , 470765
= 29 , 56 de lieue , qui eft la valeur de BC,
approchée à moins d'un centième. On a donc

FIG.
52

avancé de 12 lieues & 15 centièmes vers l'Eſt, & de 29 lieues & 56 centièmes de lieue vers le Nord.

Exemple IIIe.

170 ... On a fait 42 lieues vers l'Oueſt, ſur la ligne AC, n°. 3, dont la direction eſt inconnue, & on ſait qu'on a avancé de 35 lieues au Nord ou ſur la ligne BC. On demande la direction de la route AC; c'eſt-à dire, l'angle C, ou le rumb de vent qu'on a ſuivi.

On connoît, dans cet exemple, le côté BC, l'angle droit & l'hypothéneuſe; il s'agit de trouver l'angle C. Comme les deux angles aigus A & C ſont complémens l'un de l'autre, l'angle C ſera connu, ſi nous pouvons déterminer l'angle A. Or pour trouver celui-ci, il faut calculer le quatrième terme de cette proportion AC : BC : : R : ſin. A ; c'eſt-à-dire, 42 lieues : 35 lieues : : R : ſin. A.

Opération par Logarithmes.

Logarithme de 35 lieues . . . . . . 1 , 544068
Logarithme du rayon . . . . 10 , 000000

Somme. . . . . 11 , 544068
Moins logarithmes de 42 lieues — 1 , 623249

Différence . . . . . . 9 , 920819

= 56°. 27′. Donc l'angle A eſt de 56°. 27′ ; & par conſéquent l'angle de rumb de vent ou l'angle C, eſt de 33°. 33′ = N.-O. $\frac{1}{4}$ N. 12′ Nord.

Exemple I V^e.

171... En partant du point C du triangle 52
CBA , n°. 4 , on a couru , felon la ligne A.C , dont
la pofition & la grandeur font inconnues , c'eft-à-
dire , qu'on ignore par quel rumb de vent on a
cinglé , & le nombre de lieues de la route ; mais
on fait qu'on a avancé de 15 lieues vers l'Oueft ,
& de 35 lieues au Sud. On demande la direction
& la longueur de la route.

On connoît dans ce triangle les deux côtés AB ,
BC , avec l'angle droit , qui eft toujours connu ,
& l'on demande l'angle C avec l'hypothéneufe.
Pour trouver l'angle C , on calculera le quatrième
terme de cette proportion ,

$$ BC : BA :: R : tang. C ; $$
c'eft-à-dire , 35 : 15 :: R : tang. C.

Opération.

Logarithme de 15 lieues . . . . . . 1 , 176091
Logarithme du rayon . . . . 10 , 000000
____
Somme . . . . 11 , 176091
Moins logarithme de 35 lieues — 1 , 544068
____
Différence . . . . . 9 , 632023

Ce logarithme eft celui de la tangente C , qui
répond dans les tables à 23°. 12′ ; c'eft-à-dire ,
qu'on a cinglé au S. S-O. 42′ Oueft.

Pour avoir l'hypothéneufe ou la longueur de

la route, on caculera le quatrième terme de cette proportion :

$$\text{fin. } C : R :: AB : AC ;$$

c'eſt-à-dire, fin. 23°. 12′ : R :: 15 lieues : AC.

Opération.

Logarithme du rayon . . . . 10 , 000000
Logarithme de 15 lieues . . . . . 1 , 176091
____

Somme . . . . . . 11 , 176091
Moins logarith. finus 23°. 12′ — 9 , 595432
____

Différence . . . . . 1 , 580659
= 38 , 08 de lieue. La longueur de la route eſt donc de 38 lieues —,08 centièmes de lieues.

172... Lorſqu'on connoît deux côtés quelconques d'un triangle rectangle , & qu'on veut trouver le troiſième , on peut ſe ſervir des propriétés du quarré de l'hypotheneuſe. Ici , par exemple, connoiſſant les deux côtés AB , BC , l'un de 15 & l'autre de 35 lieues, pour trouver l'hypotheneuſe , je prends le quarré de 15 , qui eſt 225 ; & l'ajoutant au quarré de 35 , qui eſt 1225 , j'ai 1450 pour le quarré de l'hypotheneuſe AC, dont la racine 38 , 08 , approchée à moins d'un centième, eſt la valeur de l'hypotheneuſe , telle que nous l'avons trouvée ci-deſſus.

173... C'eſt encore par la réſolution des triangles rectangles , qu'on peut déterminer de combien il s'en faut que le rayon par lequel on viſe à l'horiſon de la mer lorſqu'on eſt ſur un vaiſſeau , élevé par conséquent d'une certaine

quantité, ne foit parallèle à la furface de la mer.
On trouve auffi, par la même méthode, l'étendue de cet horifon apparent; mais pour avoir
ainfi l'angle de l'inclinaifon de l'horifon avec
quelque précifion, il faut fe fervir des tables
dont les logarithmes font calculés jufqu'à douze
décimales.

Réfolutions des Triangles obliquangles.

On donne le nom de triangles *obliquangles*,
généralement à tous les triangles rectilignes qui
n'ont pas d'angle droit.

174... Au moyen de la propofition générale
(164); favoir, *que les finus des angles font entr'eux, comme les côtés qui leur font oppofés*, on
peut réfoudre un triangle obliquangle, 1°. lorfqu'on connoît deux angles & un côté; 2°. lorfqu'on connoît deux côtés, & un angle oppofé à
l'un d'eux.

Premier cas. Si dans le triangle ADC, on connoît l'angle A, l'angle C & le côté CD, on aura
l'angle D, en fouftrayant la fomme des deux
angles connus de 180°.; & pour avoir fucceffi-
vement les deux côtés AD, DC, on fera les
deux propofitions fuivantes :

$$\text{fin. } D : \text{fin. } A :: AC : CD$$
$$\&\ \text{fin. } D : \text{fin. } C :: AC : AD.$$

Second cas. Si l'on connoît les côtés AB, CD,
& l'angle D oppofé à l'un de ces côtés, on déterminera l'angle A par cette proportion :

$$AC : CD :: \text{fin. } D : \text{fin. } A.$$

Mais il faut remarquer que l'angle A ne sera déterminé qu'autant qu'on saura s'il doit être aigu ou obtus ; car il peut être l'un ou l'autre indifféremment, comme on le voit par la *fig.* 56°., puisqu'un angle quelconque a le même sinus que son supplément. Ce cas douteux n'a lieu que lorsque le côté AD du triangle obliquangle est plus petit que le côté opposé CD.

Avant d'établir les propositions nécessaires à la résolution des autres cas des triangles obliquangles, nous ferons précéder les deux *Lemmes* (1) suivants, qui doivent leur servir de base.

L e m m e I.

175... *Si l'on connoit la somme de deux quantités & leur différence, on aura la plus grande, en ajoutant la demi-différence à la demi-somme ; & la plus petite, en retranchant la demi-différence de la demi-somme.*

Soient, par exemple, 9 & 7 ; la somme de ces deux quantités sera 16, & leur différence 2. J'aurai donc la plus grande, en ajoutant la moitié de 16 à la moitié de 2 ; la plus petite, en retranchant la moitié de 2 de la moitié de 16. Ce que nous venons de dire de deux quantités numériques a lieu également pour deux autres grandeurs quelconques.

L e m m e I I.

176... *La somme des sinus de deux arcs ou de*

---

(1) On appelle *Lemme*, une vérité que l'on démontre pour éclaircir la proposition suivante.

deux angles inégaux , est à leur différence , comme FIG.
la tangente de la demi-somme de ces deux arcs est
à la tangente de leur demi-différence.

Soient AB , AC, les deux arcs proposés, com- 57
pris dans le quart de cercle ADV ; soient BG
& CL leurs sinus, OG, OL leurs co-sinus. Si BC
est la différence de ces deux arcs , & qu'on tire
le rayon OD sur le milieu de cet arc , CD sera
la moitié de leur différence, & DA la moitié
de leur somme. Enfin , après avoir mené la corde
CB , & par le point D la tangente TS , parallèle à cette corde , ainsi que les lignes FI , FM ,
BK , telles qu'on les voit dans la *fig.* 57ᵉ., on
observera que CD étant égal à DB & EF=LI
=IG , la distance LG est partagée en deux parties égales au point I ; par conséquent CL+BG,
somme des deux sinus =2FI , & CL—BG ,
différences des sinus=CK ou 2 CE; donc à cause
des deux triangles semblables FIR , CEF , & de
la propriété des parallèles , on aura cette suite de
rapports égaux , 2FI : 2CE :: FI : CE :: FR : CF
:: DS : DH. Ne prenant de cette suite que le
premier & le dernier rapport , on conclura que
la somme des sinus des deux arcs AB , AC, *est à*
leur différence , comme la tangente DS *de leur*
demi-somme est à la tangente DH *de leur demi-*
différence.

177 ... Des propriétés de la même figure , on
peut encore conclure que *la somme des co sinus*
de ces deux arcs est à leur différence , comme la
co-tangente de la demi-somme est à la tangente de
leur demi différence.

Car OG+OL, fomme des co-finus $=2$OI,
& OG—OL différence de ces co finus $=$LG ou
2LI ; donc à caufe des triangles femblables,
FMN, FEC, on a 2MF, ou 2OI : 2EF ou
2LI :: FN : FC :: DT : DH. Donc, &c. Nous
ferons ufage de cette dernière propriété dans la
Trigonométrie fphérique.

T h é o r ê m e II.

48 178... *Dans tout triangle rectiligne* ADC,
la fomme de deux côtés eft à leur différence, com-
me la tangente de la demi-fomme des deux angles
oppofés à ces côtés, eft à la tangente de la moi-
tié de leur différence.

Car en vertu de la propofition générale (164),
on a fin. A : fin. C :: CD : AD ; donc fuivant ce
qui a été dit (16), fin. A $+$ fin. C : fin. A $—$ fin. C
:: CD$+$AD : CD$—$AD ; mais par le lemme
précédent (176), *la fomme des finus de deux arcs*
ou de deux angles eft à leur différence, comme la
tangente de leur demi-fomme eft à la tangente de
leur demi-différence. Donc, *puifque les côtés d'un*
triangle rectiligne font entr'eux comme les finus
des angles oppofés, dans le triangle ADC on
aura donc CD$+$AD : CD$—$AD :: tang. $\dfrac{A+C}{2}$

: tang. $\dfrac{A—C}{2}$; *c'eft-à-dire, la fomme des deux*
côtés CD$+$AD, *eft à leur différence, comme*
la tangente de la demi fomme des angles oppofés
A$+$C, *eft à la tangente de leur demi-diffé-*
rence.

Cette propofition fert à réfoudre un triangle FIG.
obliquangle, dont on connoît deux côtés & l'angle compris.

Si dans le triangle ADC, on connoît l'angle D, 48
par exemple, & les deux côtés AD, DC, &
qu'on veuille déterminer les deux autres angles
A & C, on retranchera l'angle D de 180°. Le
refte fera la fomme des deux autres angles : on
en prendra la moitié ; & cherchant fa tangente
dans les tables des finus, on conftruira cette
proportion,

$$CD + AD : CD - AD :: \text{tang.} \frac{A+C}{2} : \text{t.} \frac{A-C}{2},$$

dans laquelle les trois premiers termes étant
connus, le quatrième donnera la moitié de la
différence de deux angles A & C. Alors, connoiffant la demi-fomme & la demi-différence
de ces angles, en vertu du premier lemme, on
aura le plus grand, en ajoutant la demi-différence à la demi-fomme, & le plus petit au contraire en retranchant la demi-différence de la
demi fomme : enfin ces deux angles étant connus, on trouvera facilement le troifième côté.

PROBLÊME.

179.... Suppofons que A & C foient deux
îles dans la mer; & que, connoiffant leur direction & leur diftance par rapport à un même
point D, on veuille déterminer de ce point leur
fituation refpective AC.

Que DC foit, par exemple, de 2155 toifes, 54

& situé au Sud ; que DA foit au Sud-eſt $\frac{1}{4}$ Sud &
à la diſtance de 1650 toiſes du point D ; l'angle D
ſera donc de 33°. 45′, puiſqu'il vaut trois rumbs
de vent. Dans le triangle ADC , connoiſſant les
deux côtés DA , DC , & l'angle D compris , il
s'agit de déterminer les deux angles A & C, &
le côté AC.

Pour calculer les angles, je retranche 33°. 45′
de 180°. Le reſte , 146°. 15′ , eſt la ſomme des
angles inconnus, dont la moitié eſt 73°. 7′ $\frac{1}{2}$.

Pour avoir leur demi-différence , je calcule le
quatrième terme de cette propoſition :

$$CD + AD : CD - AD :: \text{tang.} \frac{A+C}{2} : t. \frac{A-C}{2}.$$

c'eſt-à-dire, 3805^t. : 505^t. :: tang. 73°. 7′ : t. $\frac{A-C}{2}$

Opération.

Logarithme de 505 toiſes .... 2 , 703291
Logarithme tang. 73°. 7′ ... 10 , 517833

Somme ...... 13 , 221124
Moins logarith. de 3805 toiſes — 3 , 580355

Différence .... 9 , 640769

= tang. 23°. 37′ $\frac{1}{2}$, valeur de la demi-différence
des angles inconnus. Pour avoir l'angle C , qui
eſt le plus petit, je ſouſtrais 23°. 37′ $\frac{1}{2}$ de 73°.
7′ $\frac{1}{2}$, & le reſte 50°. 30′, eſt la valeur de l'angle C. Cet angle eſt formé par la ligne AC , inclinée ſur la ligne méridienne DC, dans le ſens
du Sud & de l'Oueſt.

Le point C eſt donc ſitué, par rapport au point FIG.
A , dans la direction du Sud oueſt , plus 5°. 30′
Oueſt, parce que l'angle eſt de 45°.+5°. 30′
= 50°. 30′. Le point A ſera donc dans la direction oppoſée ; c'eſt-à-dire, au Nord-eſt, plus
5°. 30′ par rapport au point C. Ce n'eſt qu'à
partir de la ligne Nord & Sud , qu'on commence
à compter les angles des rumbs de vent, ainſi
qu'il a été dit dans la note du numéro (168).

Pour avoir le troiſième côté AC , on cherchera
le quatrième terme de cette proportion : Sin. C
: ſin. D :: DA : AC; c'eſt-à-dire, ſin. 50°. 30′
: ſin. 33°. 45′ :: 1650 : AC = 1187t, 4.

La diſtance des deux îles A & C eſt donc de
1187 toiſes , 4 dixièmes de toiſe.

THÉORÊME III.

180. ∴ *Dans tout triangle rectiligne* ADC , *ſi* 55, 56
d'un angle quelconque D , *on abaiſſe une per-*
pendiculaire DB *ſur le côté oppoſé* (fig. 55ᵉ.) ,
ou ſur ſon prolongement (fig. 56ᵉ.) , *on aura tou-*
jours cette proportion :

$$\text{AC:AD+CD::AD—CD:} \begin{cases} \text{AB—CB.}\textit{fig. 55ᵉ.} \\ \text{AB+CB.}\textit{fig. 56ᵉ.} \end{cases}$$

c'eſt-à-dire , le côté AC , ſur lequel, ou ſur le
prolongement duquel tombe la perpendiculaire ,
eſt à la ſomme des deux autres côtés , comme la
différence de ces mêmes côtés eſt à la différence
des ſegmens AD—CD , ou à leur ſomme AD
+CD , ſelon que la perpendiculaire tombe en

FIG. dedans ou en dehors du triangle. Cette propofition fert à trouver la valeur d'un triangle rectiligne, lorfqu'on connoît les trois côtés.

56   181... Si je me propofe, par exemple, de
trouver l'angle C du triangle ADC (*fig.* 55ᵉ.),
il eft certain que je ne puis pas m'aider, dans
cette recherche, du rapport qu'il y a entre les
côtés & les finus des angles, puifque je n'en
connois aucun. Je partage donc le triangle donné
en deux triangles rectangles par une perpendiculaire abaiffée d'un angle quelconque D fur le
côté oppofé ; enfuite pour trouver la différence
entre les deux fegmens AD , CD, dont je connois la fomme AC , du point D comme centre,
& d'un rayon égal au côté DC, je décris une
circonférence de cercle qui coupe les deux côtés
AD, AC, puis je prolonge le côté AD jufqu'au
point E ; alors, à caufe que deux fecantes AE, AC
font réciproquement proportionnelles à leurs parties extérieures , j'ai (118) cette proportion,
AC : AE : : AH : AG ; mais puifque AE = AD
+ CD, que AH = AD — CD & AG = AB — CB,
comme on le voit par la *fig.* 55ᵉ., la proportion
ci-deffus fe change en celle-ci, AC : AD + CD
: : AD — CD : AB — CB ; donc , &c.

Connoiffant enfin la demi-fomme & la demi-
différence des deux fegmens , je connaîtrai deux
côtés du triangle CBD , outre l'angle droit , il
fera donc facile de trouver l'angle C,

Pour rendre ceci plus fenfible, joignons l'exemple au précepte.

Exemple.

Exemple.

182... Soit proposé de trouver l'angle C du triangle obliquangle ADC (*fig.* 55e.) , dont le côté AC est de 236 toises, le côté AD de 190 toises, & le côté CD de 166.

Ayant abaissé la perpendiculaire DB, je cherche la différence des deux segmens AB, BC, par cette proportion : AC = 236 t. : AD + CD = 356 t. : : AD — CD = 24 t. : AB — BC = 36, 20 de toise. Le petit segment BC est donc égal à la moitié de 236, moins la moitié de 36, 20; c'est-à-dire, 99, 90 de toise. Si j'eusse opéré sur le triangle ADC (*fig.* 56e.) , j'aurois abaissé la perpendiculaire sur le prolongement de AC; & connoissant déja la différence des deux segmens AB — BC = AC, la proportion AC : AD + CD : : AD — CD : AB + BC m'auroit donné leur somme.

Dans le triangle rectangle CBD (*fig.* 55e.) , connoissant les deux côtés BC, CD & l'angle droit, on cherchera l'angle BDC, complément de l'angle C demandé par cette proportion, CD : CB : : R. : fin. BDC ou 166 t. : 99, 90 : : R : fin. BDC ou co-finus C.

Logarithme de 99, 90 .... 1, 999565
Logarithme du rayon 10, 000000
____
Somme 11, 999565
Moins logarithme de 166 ... — 2, 220108
____
Différence 9, 779457

= 37°., à très-peu près le logarithme finus de

G

FIG. l'angle BDC = 37°. Donc l'angle C, qui est son complément, est de 53°.

183 ... On peut encore résoudre ce problème de cette manière, & c'est celle dont on se sert le plus ordinairement.

De la moitié de la somme des trois côtés, retranchez successivement chacun des deux côtés qui comprennent l'angle cherché, ce qui vous donnera deux restes. Aux logarithmes de ces deux restes, ajoutez les complémens arithmétiques des logarithmes des deux côtés qui comprennent l'angle cherché; prenez l a moitié de cette somme, & vous aurez le logarithme sinus de la moitié de l'angle cherché.

OPÉRATION.

```
55   AD.....190.
     AC.....236...Compl. arith....7,627088
     CD.....166...Compl. arith....7,779892
     Somme..592.
     Moitié...296.
     1er. reste..60... Logarithme... 1,778151
     2e. reste.130... Logarithme... 2,113943
                      Somme........19,299074
                      Demi-somme... 9,649537
```

= 26°. 30'. Ces 26°. 30' sont la moitié de l'angle C cherché, dont le double 53°. est sa juste valeur.

Cette dernière solution est fondée sur l'analogie suivante.

Le produit des deux côtés, qui comprennent l'angle cherché, est au produit des deux restes; comme le quarré du rayon est au quarré du sinus de la moitié de l'angle cherché.

TRIGONOMÉTRIE SPHÉRIQUE.

La Trigonométrie *sphérique* est la science qui apprend à résoudre les triangles formés sur la surface d'une sphère, par l'intersection de trois de ses grands cercles.

184... On doit considérer un grand cercle, comme une section de la sphère faite par un plan qui passe par son centre. Toute section qui ne passeroit pas par le centre seroit à la vérité un cercle, mais un petit cercle, puisqu'il n'auroit pas le même rayon que la sphère ; & comme on peut en concevoir une infinité différens entr'eux, leur inégalité est cause qu'on ne s'en sert pas du tout dans la Trigonométrie.

185.... L'axe d'un grand cercle est une ligne droite, passant par son centre, & perpendiculaire au plan de ce cercle. Les deux extrémités de cette ligne, qui vont se terminer à la surface de la sphère, se nomment les *poles* de ce cercle.

186... Un angle sphérique n'est autre chose que l'inclinaison de deux grands cercles. On l'exprime communément par l'inclinaison de leurs circonférences, au point de rencontre ; mais l'une & l'autre sont parfaitement égales.

187... De ce qui vient d'être dit, on peut conclure, 1°. que l'interfection de deux grands cercles, passant par le centre de la sphère, est nécessairement un diamètre, & que leurs circonférences se coupent en deux points éloignés l'un de l'autre de 180°.

FIG.   18 1... 2°. Que les poles d'un grand cercle étant également éloignés de tous les points de sa circonférence, leur distance à chacun de ces points est mesurée par un arc de 90°.

57   189... Donc, quand un arc BH de grand cercle est perpendiculaire sur un autre arc BE, il passe nécessairement par les poles de celui-ci, ou du moins il y passeroit prolongé suffisamment.

Et si deux arcs de grand cercle BH, EF, sont perpendiculaires à un troisième arc BE, le point A où ils se rencontreront, est le pole de celui-ci.

190... 3°. Qu'un angle sphérique FAH doit avoir pour mesure l'arc BE de grand cercle, que ses côtés, prolongés s'il est nécessaire, comprennent à la distance de 90°. depuis le sommet.

Qu'un angle sphérique quelconque FAH est toujours égal à l'angle rectiligne FIH ou BCE, formé par le sinus des deux arcs qui en font les côtés, ou par les sinus de ces mêmes côtés prolongés jusqu'à 90°., puisque cet angle rectiligne n'est autre chose que l'inclinaison des cercles ABD, AED, dont les arcs AH, AF, font partie. Or ces deux sinus ne peuvent jamais former qu'un angle au-dessous de 180°. Donc la valeur de tout angle sphérique est moindre que 180°.

Propriétés des Angles sphériques.

191... Les angles sphériques ont les mêmes propriétés que les angles plans ; c'est - à - dire, 1°. lorsqu'un arc de grand cercle tombe sur un autre, les deux angles qui en résultent, sont égaux à deux angles droits. 2°. Si l'on prolonge

ces deux arcs au-delà de leur point d'interfection, les angles oppofés au fommet feront égaux.
3°. Enfin, que la fomme de tous les angles fphériques, formés autour d'un point d'interfection,
eft de 360°.

Propriétés des Triangles fphériques.

192... Un côté quelconque d'un triangle fphérique eft toujours moindre que 180°., ou d'une
demi circonférence de cercle.

Chaque côté d'un triangle fphérique eft plus
petit que la fomme des deux autres.

La fomme des trois côtés d'un triangle fphérique eft toujours moindre que 360°.

193... La fomme des trois angles d'un triangle fphérique eft toujours plus grande que 180°.,
& moindre que 540°., ou trois fois 180°., puifqu'un feul ne peut aller jufqu'à 180°.

D'où il réfulte que les trois angles d'un triangle fphérique peuvent être aigus, droits ou même
obtus. Cette variation eft caufe que de la connoiffance de deux angles dans un triangle fphérique, on ne peut pas conclure la valeur du
troifième, comme dans les triangles rectilignes.

Dans tout triangle fphérique, le plus grand
côté eft oppofé au plus grand angle; le plus petit
côté, au plus petit angle; & les côtés égaux,
aux angles égaux, comme dans les triangles
rectilignes.

194... Il y a quatre caractères d'égalité dans les
triangles fphériques. Deux triangles fphériques,
font égaux, 1°. s'ils ont un côté adjacent à deux

FIG. angles égaux , chacun à chacun ; 2°. s'ils ont un angle égal compris entre deux côtés égaux ; 3°. s'ils ont les trois côtés égaux ; 4°. s'ils ont les trois angles égaux.

Il n'y a que ce dernier caractère qui ne soit pas commun aux triangles rectilignes.

Moyens de reconnoître si les Angles ou les côtés qu'on cherche dans la résolution des triangles rectangles , doivent être plus grands ou plus petits que 90°.

195... Dans les triangles sphériques rectangles, on nomme *hypotheneuse* , le côté opposé à l'angle droit , ou qu'on considère comme tel ; & les deux autres angles , quels qu'ils soient , s'appellent angles *obliques*.

196... Chacun des deux angles obliques d'un triangle sphérique rectangle est de même espèce que le côté opposé ; c'est-à dire , qu'il est de 90°. , si le côté opposé est de 900. , & plus grand ou plus petit que 900. , si le côté opposé est plus grand ou plus petit que 90°.

58 Cela est évident à l'inspection même de la *fig.* 58e. Dans le triangle total BAE rectangle en A , il peut arriver que l'angle B soit opposé au côté AC < 900. , ou au côté AD = 90°. , ou bien au côté AE > 90°. Dans chacun de ces cas, il est évident que l'angle B sera de même espèce que le côté qui lui est opposé ; car lorsque AD = 900. le point D étant le pole de l'arc AB , le côté BD est perpendiculaire sur AB ; donc l'angle B est droit. Cet angle devient donc plus grand

ou plus petit , selon que l'arc AD est lui-même FIG.
plus grand ou plus petit que 90°. On en dira au·
tant de l'angle E.

197... Si les deux côtés ou les deux angles
obliques d'un triangle sphérique rectangle sont
de même espèce , l'hypotheneuse est toujours
moindre que 90°. S'ils sont de différente espèce,
l'hypotheneuse est plus grande que 90°.

Pour sentir la vérité de cette proposition , il 59
suffit de considérer la *figure* 59e. Dans le triangle ACD rectangle en A , les deux angles obliques C & D étant aigus , l'hypotheneuse DC est
plus petite que 90°. La même chose a lieu dans
le triangle CBD , rectangle en B. Au contraire ,
dans le triangle AGH rectangle en G , l'angle A
étant aigu & l'angle H obtus, l'hypotheneuse AH
est plus grande que 90°.

198... Donc , puisque les angles obliques
sont toujours de même espèce que leurs côtés
opposés (196), il suit , 1°. que si dans un triangle sphérique rectangle les angles obliques sont
de même espèce, l'hypotheneuse est plus petite
que 90°. Elle est au contraire plus grande , s'ils
sont de différente espèce, & réciproquement.

2°. Si l'hypotheneuse & un côté sont de même
espèce, l'autre côté est moindre que 90°. Si l'hypotheneuse & un côté sont de différente espèce ,
l'autre côté est alors plus grand que 90°.

199...Le tableau ci-joint représente en abrégé
ces six variations.

G iv

On peut mettre dans chaque cas les angles à la place des côtés.

$$\left\{\begin{array}{l}\text{côté}\ldots > 90^{\circ}.\\ \text{côté}\ldots > 90^{\circ}.\end{array}\right\}\ldots \text{Hypotheneuse } < 90^{\circ}.$$

$$\left\{\begin{array}{l}\text{côté}\ldots < 90^{\circ}.\\ \text{côté}\ldots < 90^{\circ}.\end{array}\right\}\ldots \text{Hypotheneuse } < 90^{\circ}.$$

$$\left\{\begin{array}{l}\text{côté}\ldots > 90^{\circ}.\\ \text{côté}\ldots < 90^{\circ}.\end{array}\right\}\ldots \text{Hypotheneuse } > 90^{\circ}.$$

100 . . . Le même tableau suffit encore pour reconnoître dans les triangles rectangles tous les cas douteux ; c'est à-dire, ceux où l'on ne peut savoir si ce que l'on cherche est plus petit ou plus grand que 90. Cela arrive toutes les fois qu'étant donnés un angle & son côté opposé, on demande l'hypotheneuse, ou l'autre angle, ou bien son côté opposé. Dans ce cas, pour résoudre la question, il faut encore savoir si ce que l'on cherche est au-dessus ou au-dessous de 90°. C'est à quoi se réduisent tous les cas douteux des triangles sphériques rectangles. Au reste les cas douteux sont très rares dans la pratique. On sait presque toujours par l'état de la question qu'on se propose de résoudre en Astronomie, & par conséquent dans l'application qu'en peut faire un navigateur, si l'angle ou le côté qu'on cherche, est plus grand ou plus petit que 90°.

Par exemple, si connoissant la déclinaison du soleil & l'angle de l'obliquité de l'écliptique qui lui est opposé, on vouloit trouver l'ascension droite ou la longitude du soleil, on sauroit bien

à cette époque dans quelle saison on est, & par FIG.
conséquent la grandeur de l'arc de l'équateur ou
de l'écliptique que l'on cherche.

Principes pour la résolution des Triangles sphériques rectangles.

201... Dans tout triangle sphérique rectangle ABC (*fig. 60e.*), si l'on prolonge les deux côtés AC, BC, jusqu'en E & en D, de manière que AE & BD soient chacun de 90°., & que du point A & du point D, comme poles, on décrive deux arcs de grand cercle qui aillent se réunir au point G, par cette construction, on aura un nouveau triangle CED rectangle en E, qui sera le complément de ABC.

Car puisqu'on a fait AE & BD de 90°, chacun, le point A est le pole de l'arc DEG, & le point D celui de l'arc ABG; donc les angles E & B font droits. Il est évident aussi que AE & BD étant de quarts de cercle, le côté CE est complément de AC, & CD complément de EC; que DE, complément de l'arc EG, qui mesure l'angle A, est aussi complément de cet angle, & que l'angle D, qui a pour mesure BG, complément de AB, est aussi le complément de l'arc AB. On peut en dire autant du triangle AHI, formé de la même manière par le prolongement des côtés AC, AB. On appelle ces triangles, *complémentaires* de ABC, & réciproquement.

60

T h é o r ê m e   I.

Dans tout triangle fphérique rectangle , on a toujours cette proportion.

I.

$\left\{\begin{array}{l}\end{array}\right.$ *202... Le rayon eſt au ſinus de l'hypotheneuſe, comme le ſinus d'un des angles obliques eſt au ſinus du côté qui lui eſt oppoſé.*

61   Soient AO , GO , HO , trois rayons de la fphère ; fi après avoir conſtruit le triangle fphérique ABC rectangle en B , & avoir mené les lignes CD , CE , BD , on imagine les deux côtés AB , AC , prolongés juſqu'à 90°. en G & en H , il eſt clair que l'angle A aura pour meſure l'arc de grand cercle GH ; que HI , qui eſt le ſinus de cet arc , fera auſſi celui de l'angle A. Pareillement que la droite CD , perpendiculaire ſur le rayon AO , fera le ſinus de l'hypotheneuſe AC , & CE fera celui de l'arc BC oppoſé à l'angle A.

Cela poſé , à cauſe que les deux triangles rectilignes HIO , CED , perpendiculaires ſur le même plan AOB , ont leurs côtés parallèles, ils font néceſſairement femblables ; on aura donç cette proportion :

$$HO:HI::CD:CE \text{ ou } HO:CD::HI:CE;$$

c'eſt-à-dire , *le rayon eſt au ſinus de l'hypotheneuſe AC , comme le ſinus de l'angle AC eſt au ſinus de l'arc BC qui lui eſt oppoſé.*

62   203... Si le triangle eſt obliquangle , comme

ACD (*fig.* 62e.) ; & fi de l'angle C, on abaiffe FIG.
l'arc CB, perpendiculairement fur le côté oppofé, en vertu de la première analogie (202), on   62
aura ces deux-ci :

$$R : \text{fin. } A :: \text{fin. } AC : \text{fin. } BC.$$
$$R : \text{fin. } D :: \text{fin. } CD : \text{fin. } BC.$$

dans lefquelles les deux extrêmes étant égaux,
les deux moyens le feront aufli, d'où on deduira
cette troifième proportion :

$$\text{Sin. } A : \text{fin. } D :: \text{fin. } CD : \text{fin. } AC.$$

c'eft-à-dire, que *dans tout triangle fphérique les
finus des angles font entr'eux , comme les finus
des côtés qui leur font oppofés ;* proportion fondamentale de la Trigonométrie fphérique.

Des propriétés de la *fig.* 61e., on conclura
aufli que *dans tout triangle fphérique rectangle ,
le rayon eft au cofinus d'un des angles obliques,
comme la tangente de l'hypotheneufe eft à la tan-   61
gente du côté adjacent à cet angle oblique.*

Car en imaginant les deux fecantes OM, ON
prolongés jufqu'à la rencontre des droites AM,
AN, dont la première eft la tangente de l'hypotheneufe AC, & la feconde celle de AB, les
plans des deux triangles OMN, AMN, étant
perpendiculaires au plan de la bafe AOG, leur
interfection MN fera aufli perpendiculaire à ce
même plan. Donc le triangle rectangle AMN
fera parfaitement femblable au triangle rectangle HIO ; car outre qu'ils ont chacun un angle
droit, l'angle A du premier eft égal à l'angle O

FIG. du second; puisque ces deux angles expriment l'un
& l'autre l'inclinaison des deux plans de grand
61 cercle AGO, AHO. On a donc cette proportion:

$$OH : OI :: AM : AN;$$

c'est-à-dire, *le rayon est au co-sinus de l'angle* A, *comme la tangente de l'hypotheneuse* AC *est à la tangente de* AB.

Mais si l'on prend le triangle ABC pour le triangle complémentaire de CED (*fig.* 60e.), cette proposition se changera en celle-ci:

$$R : \sin. ED :: \text{co-t. } CE : \text{co-t. } D; \text{ou} :: \text{tang. } D : t. CE.$$

Car les tangentes sont réciproquement proportionnelles aux co-tangentes; c'est-à-dire, que dans le triangle sphérique rectangle, on aura cette proportion.

I I.

204... *Le rayon est au sinus d'un des côtés de l'angle droit, comme la tangente de l'angle oblique adjacent à ce côté, est à la tangente du côté qui lui est opposé.*

Au moyen des principes que nous venons d'établir, il n'y a point de triangle sphérique rectangle qu'on ne puisse résoudre facilement, pourvu que l'on connoisse trois de ses parties. Il faut remarquer que l'angle droit étant une chose constante, il suffit de connoître deux autres choses.

205... Tous les différens cas des triangles rectangles sont au nombre de trente, qu'on pour-

TABLE

POUR la Résolution de tous les cas possibles des Triangles sphériques rectangles.

ON considère ici le Triangle ABC , *fig.* 60 , comme Rectangle en B.

Etant donnés	Trouver	Proportions faites sur ABC.	Proportions faites sur les triangles complémentaires, & transportées sur ABC	
AB, AC	C	Sin. AC : R : : fin. AB : fin. C..		fi AB est moindre que 90°.
	A	Co-t. AB : co-t. AC : : R : co-f. A,	Tang. D : tang. CE : : R : fin. DE ..	fi AB & AC font de même efpèce.
	BC	Co-f. AB : cof- AC : : R : co-f. BC	Sin. D : fin. CE : : R : fin. DC...	fi AB & AC font de même efpèce.
AB, BC	A	Sin. AB : R : : tang. BC : t. A...		fi BC est moindre que 90°.
	C	Sin. BC : R : : tang. AB : t. C...		fi AB est moindre que 90°.
	AC	R co-f. BC : co-f. AB : co-f. AC..	R : fin. DC : : fin. D : fin. CE	fi AB & BC font de même efpèce.
AB, A	C	R : co-f. AB : : fin. A : co-f. C,..	R : fin. AI : : fin. A : fin. HI	fi AB est moindre que 90°.
	AC	R : co-f. A : : co-t. AB : co-t. AC	R : fin. DE : : tang. D : tang. CE ..	fi AB & A font de même efpèce.
	BC	R : fin. AB : : tang. A : tang. BC		fi A est moindre que 90°.
AB , C	A	Co-f. AB : R : : co-f. C : fin. A,.	Sin. AI : R : : fin. HI : fin. A ...	Douteux.
	AC	Sin. C : fin. AB : : R : fin. AC		Douteux.
	BC	Tang. C : tang. AB : : R fin. CB		Douteux.
BC , AC	A	Sin. AC : R : : BC : fin. A,....		fi BC est moindre que 90°.
	C	Co-t. BC : co-t. AC : : R : co-f. C,.	Tang. I : tang. AH : : R : fin. HI ..	fi AC & BC font de même efpèce.
	AB	Co-f. BC : co-f. AC : : R : co-f. AB	Sin. I : fin. AH : : R : fin. AI	fi AC & BC font de même efpèce.
BC , A	C	Co-f. BC : R : : co-f. A : fin. C,...	Sin. DC : R : : fin. DE : fin. C ...	Douteux.
	AC	Sin. A : fin. BC : : R : fin AC		Douteux.
	AB	Tang. A : t. BC : : R : fin. AB		Douteux.
BC , C	A	R : co-f. BC : : fin. C : co-f. A...	R : fin. DC : : fin. C : fin. DE ...	fi BC est moindre que 90°.
	AC	R : co-f. C : : co-t. BC : co-t. AC	R : fin. HI : : tang. I : tang. AH .	fi BC & C font de même efpèce.
	AB	R : fin. BC : : tang. C : tang. AB		fi C est moindre que 90°.
AC , A	C	Co-f. AC : R : : co-t. A : t. C,...	Sin. CE : R : : tang. DE : tang. C ..	fi AC & A font de même efpèce.
	AB	Co-f. A : R : : co-t. AC : co-t. AB	Sin. DE : R : : tang. CE : tang. D ...	fi AC & A font de même efpèce.
	BC	R : fin. AC : : fin. A : fin. BC..		fi A est moindre que 9°.
AC, C	A	R : co-f. AC : : tang. C : co-t. A	R : fin. CE : : tang. C ; tang. DE ..	fi AC & C font de même efpèce.
	AB	R : fin. AC : : fin. C : fin. AB..		fi C est moindre que 90°.
	BC	Co-f. C : R : : co-t. AC : co-t. BC	Sin. HI : R : : tang. AH : tang. I ..	fi AC & C font de même efpèce.
A, C	AC	Tang. C : co-t. A : : R : co-f. AC	Tang. C : tang. DE : : R : fin. CE ..	fi A & C font de même efpèce.
	AB	Sin. A : co-f. C : : R : co f. AB..	Sin. A : fin. HI : : R : fin. AI	fi C est moindre que 90°.
	BC	Sin. C : co-f. A : : R : co-f. BC..	Sin. C : fin. DE : : R : fin. DC ...	fi A est moindre que 50°.

TABLEAU relatif à la page 109 du Ir Tome.

toit abfolument réduire à feize , en fupprimant FIG.
ceux qui font femblables. On les a renfermés
tous dans la table fuivante , où l'on fuppofe que
l'angle droit eft en B , & les deux autres angles 60
obliques en A & en C. La conftruction de cette
table eft fondée fur les deux analogies fondamen-
tales démontrées ci-deffus (202) (204). Tantôt
on applique immédiatement ces analogies au
triangle ABC , tantôt il faut avoir recours à l'un
des deux triangles complémentaires CED, AHI,
(*fig.* 60ᵉ.) pour en tranfporter enfuite les réfultats fur le triangle ABC. De forte que la réfolution de tous les cas des triangles fphériques
rectangles ne dépend , à proprement parler , que
des deux analogies (202 & 204) : on ne fe fert
du triangle complémentaire , que pour en faciliter l'application dans certains cas, comme nous
allons le faire voir.

E x e m p l è I.

206... Dans le triangle fphérique rectangle
ABC, le côté AB étant de 34°., & l'hypotheneufe
AC de 55°. 10′ , trouver la valeur de l'angle A.

Pour réfoudre ce problême , il eft aifé de voir
qu'on ne peut appliquer immédiatement au triangle ABC , ni la première ni la feconde des analogies énoncées ci- deffus ; il faut donc avoir recours
au triangle complémentaire CED , dans lequel
l'angle D & le côté CE font compléments de AB
& de AC. Pour trouver dans ce nouveau triangle le côté DE , complément de l'angle A demandé, on fera cette proportion, tang. D : t. CE

FIG.:: R : fin. DE, qui eſt la même que la ſeconde analogie (204), en mettant le premier rapport à la place du ſecond ; la ſubſtituant enſuite au triangle ABC, on aura co-t. AB : co-t. AC :: R : co-ſ. A ; c'eſt-à dire, co t. 34°.:: co-t. 55°. 10′ :: R : co-ſ. A.

Opérant par logarithmes, on a :

Logarithme co-t. 55°. 10′ ..... 9 , 842535
Logarithme du rayon .... 10 , 000000

Somme.... 19 , 842535
Moins le logarithme co-t. 34°. — 10 , 171013

Différence ... 9 , 671522
= co-ſ. 62°. 1′, qui eſt la valeur de l'angle A. On eſt certain que cet angle doit être moindre que 90°., parce que l'hypotheneuſe AC & le côté AB ſont tous deux de même eſpèce.

E x e m p l e I I.

207... Le côté AB étant de 23°. 18′, & le côté BC de 29°. 30′, trouver l'angle C.

On peut faire uſage de la ſeconde analogie pour la ſolution de ce cas, & dire, ſin. BC : R :: tang. AB : tang. C.

Logarithme du rayon .... 10 , 000000
Logarithme tang. 23°. 18′ .... 9 , 634143

Somme ... 19 , 634143
Moins logarithme ſinus 29°. 30 — 9 , 692339

Différence .. 9 , 941804
= tang. 41°. 11′. L'angle C eſt donc de 41°. 11′.

Il doit être de même espèce que le côté AB, qui FIG.
lui est opposé ; c'est-à-dire , moindre que 90°.

EXEMPLE III.

60

208 ... Etant donnés le côté BC de 70°. 48',
& l'angle C de 37°. 50' , trouver l'hypotheneuse AC.

Les données du problême ne permettent pas
de se servir immédiatement du triangle ABC ;
il faut donc avoir recours au triangle complémentaire AIH , dans lequel l'angle I étant le
complément du côté BC, & IH de l'angle C,
on déterminera AH , complément de l'hypotheneuse demandée , par la seconde analogie , R
: sin. IH :: tang. I : tang. AH ; & la substituant
au triangle ABC, on aura, R : co-s. C :: co-t BC
: co-t. AC ; ou R : co-s. 37°. 50' :: co-t. 70°. 48'
: co-t. AC.

Logarithme co s. 37°. 50' .... 9 , 897516
Logarithme co-t. 70°. 48' .... 9 , 541875
                                ____
          Somme ..... 19 , 439391
Moins logarithme du rayon — 10 , 000000
                                ____
          Différence .... 9 , 439391

== co-t. 740. 37' ; c'est-à-dire , que l'hypotheneuse AC est de 74°. 37' plus petite que 90° ,
parce que les deux côtés de l'angle droit sont de
même espèce.

EXEMPLE IV.

209... Etant donnés le côté BC de 15°. 17',

FIG. & l'ang'e A de 23°. 42′, trouver l'hypotheneufe AC.

60   Il eft aifé de voir que pour trouver l'hypotheneufe, on peut faire ufage immédiatement de la
première analogie.

$$\text{Sin. } A : \text{fin. } BC :: R : \text{fin. } AC,$$
$$\text{ou fin. } 23°. 42′ : \text{fin. } 15°. 17′ . : R : \text{fin. } AC.$$

Logarithme fin. 15°. 17′ ..... 9 , 420933
Logarithme du rayon .... 10 , 000000
____
Somme ... 19 , 420933
Moins logarith. finus de 23°. 42′ —9 , 604170
____
Différence .. 9 , 816763

= fin. 40°. 59′. En forte que l'hypotheneufe
AC eft de 40°. 59′, fi elle doit être moindre
que 90°. ; ou de 137°. 1′, fi elle doit être au-
deffus de 90°. Car rien ici ne détermine fi elle
doit être moindre ou plus grande que 90°. ;
& ces deux folutions font également poffibles,
comme il eft aifé de s'en convaincre par la *fig. 63*ᵉ,
dans laquelle les deux triangles ABC, ADE,
peuvent, avec le même angle A, avoir le côté
BC = DE, & les hypotheneufes AC, AE, différentes.

En général, toutes les fois que dans un triangle fphérique rectangle, on ne connoîtra qu'un
des angles obliques & le côté qui lui eft oppofé,
la valeur des trois autres parties reftera indéterminée. Il n'y a que fix cas de cette efpèce, qu'on
nomme

nomme *douteux* dans la résolution des triangles FIG.
h ériques rectangles.

Ces exemples suffisent pour faire voir comment on doit se conduire dans les autres cas.

C'est par des triangles sphériques rectangles, qu'on calcule la longitude & la latitude du soleil, connoissant par observation son ascension droite & sa declinaison.

Principes pour la résolution des Triangles sphériques obliquangles.

La résolution de tous les cas possibles des triangles obliquangles porte sur quatre principes ou analogies que nous allons exposer, & sur la résolution des triangles rectangles.

PREMIER PRINCIPE.

210... *Les sinus des angles sont entr'eux, comme les sinus des côtes qui leur sont opposés.*

Cette analogie est commune aux triangles sphériques rectangles, ainsi que nous l'avons vu.

THÉORÊME II.

211... Dans tout triangle sphérique obliquangle ACD (*fig. 62*e.), si d'un angle C on abaisse l'arc CB perpendiculairement sur le côté oppofé AD, on aura toujours cette proportion. 62

II. PRINCIPE.

$\left\{\begin{array}{l} \text{*Le co-sinus du segment AB*} \\ \text{*est au co-sinus du segment BD,*} \\ \text{*comme le co-sinus du côté AC*} \\ \text{*est au co-sinus du côté CD.*} \end{array}\right.$

H

FIG.

Le triangle CED (*fig. 60*.) étant le complément de ABC, si l'on fait fur ce triangle complémentaire la première analogie des triangles fphériques rectangles, R : fin. CD : : fin. D : fin. EC, & qu'on en tranfporte le réfultat fur le triangle ABC, on aura cette autre proportion :

R ; co-f. BC : : co-f. AB : co-f. AC.

62

Le triangle obliquangle ACD étant partagé en deux triangles rectangles ABC, CBD, on aura :

$$\begin{cases} R : \text{co-f. } BC :: \text{co-f. } AB : \text{co-f. } AC \\ R : \text{co-f. } BC :: \text{co-f. } BD : \text{co-f. } CD \end{cases}$$

D'où l'on conclura cette feconde propofition :

co f. AB : co-f. BD : : co-f. AC : co-f. CD ;

c'eft-à-dire, que *dans tout triangle obliquangle*, *les co-finus des deux fegmens formés par l'arc perpendiculaire, font entr'eux, comme les co-finus des deux côtés adjacens.*

T H É O R Ê M E III.

212... En fuppofant toujours le triangle obliquangle ACD, partagé en deux triangles rectangles, on aura cette proportion.

III. P R I N C I P E.

$$\begin{cases} \textit{Le finus de AB} \\ \textit{eft au finus de BD,} \\ \textit{comme la co-tangente de l'angle A,} \\ \textit{eft à la co-tangente de l'angle D ;} \\ \textit{ou comme la tangente de l'angle D,} \\ \textit{eft à la tangente de l'angle A.} \end{cases}$$

Si l'on applique la seconde analogie des trian- FIG.
gles rectangles (204) sur ABC & CBD, qui
divisent le triangle obliquangle ACD, l'on aura : 62

$$\left\{ \begin{array}{l} R : \sin. AB :: \tan. A : \tan. BC \\ R : \sin. BD :: \tan. D : \tan. BC \end{array} \right\}$$

Donc :

$$\sin. AB : \sin. BD :: \tan. D : \tan. A,$$
$$ou :: co\text{-}t\ A : co\text{-}t\ D;$$

c'est-à-dire, que *dans tout triangle sphérique obliquangle , les sinus des deux segmens , formés par
l'arc perpendiculaire , sont en raison inverse des
tangentes des angles adjacens , ou en raison directe
des co-tangentes de ces mêmes angles.*

Tʜᴇᴏʀᴇ̂ᴍᴇ IV.

213... Dans tout triangle sphérique obliquangle ACD , si d'un angle C, on abaisse l'arc perpendiculaire CB sur le côté opposé AD (*fig. 62ᵉ.*), 62
ou sur son prolongement (*fig. 64ᵉ.*) , on aura
cette proportion.   64

IV. Pʀɪɴᴄɪᴘᴇ.

$$\left\{ \begin{array}{l} \textit{La tangente de la moitié AD sur lequel tombe} \\ \quad \textit{l'arc perpendiculaire ,} \\ \textit{est à la tangente de la demi-somme des deux} \\ \textit{autres côtés ,} \\ \textit{comme la tangente de leur demi-différence} \\ \textit{est à la tangente de la demi-différence, ou de la} \\ \quad \textit{demi somme des deux segmens AB, BD , se-} \\ \textit{lon que l'arc CB tombe en dedans ou en de-} \\ \textit{hors de la figure.} \end{array} \right.$$

H ij

FIG.

62

Puisque nous avons vu dans le second théorême (211) que *les co-sinus des deux segmens d'un triangle sphérique sont entr'eux, comme les co-sinus des côtés adjacens*, nous pouvons dire aussi (16) que *la somme des co-sinus de ces deux segmens est à leur différence, comme la somme des co-sinus des deux côtés adjacens est aussi à leur différence.*

Mais par l'article (177) du second lemme, *la somme des co-sinus de deux arcs inégaux est à leur différence, comme la co-tangente de leur demi-somme est à la tangente de leur demi-différence.* Donc, appliquant cette propriété au triangle ACD (*fig.* 62e.), on aura pour les deux côtés AC & CD, co-s. AC $+$ co-s. CD : co-s. AC $-$ co-s. CD :: co-t $\dfrac{AC+CD}{2}$: tang. $\dfrac{AC-CD}{2}$;

& pour les deux segmens correspondants AB, BD, on aura, co-s. AB $+$ co-s. BD : co-s. AB $-$ co-s. BD :: co-t. $\dfrac{AB+BD}{2}$: tang. $\dfrac{AB-BD}{2}$;

or selon ce qui a été dit ci-dessus, on a, co-s. AC $+$ co-s. CD : co-s. AC $-$ co-s CD :: co-s. AB $+$ co-s. BD : co-s. AB $-$ co-s. BD. Donc, co-t. $\dfrac{AC+CD}{2}$: tang. $\dfrac{AC-CD}{2}$ :: co-tang. $\dfrac{AB+BD}{2}$: tang. $\dfrac{AB-BD}{2}$.

Si dans cette dernière proportion, après avoir changé la place des moyens, on fait attention que les tangentes sont réciproquement proportionnelles aux co-tangentes, on en déduira cette

nouvelle proportion, qui répond à celle du quatrième principe. Tang. $\dfrac{AB+BD}{2}$: tangente

$\dfrac{AC+CD}{2}$: : tang. $\dfrac{AC-CD}{2}$: tang. $\dfrac{AB-BD}{2}$

Dans la figure 62ᵉ. $\dfrac{AB+BD}{2}=\dfrac{AD}{2}$; & dans la

figure 64ᵉ. $\dfrac{AB-BD}{2}=\dfrac{AD}{2}$.

Avant de paſſer aux problêmes qui regardent
les triangles ſphériques obliquangles, il eſt important de faire connoître les propriétés du
triangle *ſupplémentaire*, dont on ſe ſert dans pluſieurs cas pour faciliter l'application de principes
que nous venons d'expoſer.

214... Si des trois angles *a*, *c* & *d* d'un triangle ſphérique *acd*, pris pour centre ou pour
poles, on décrit trois arcs de cercle qui forment
par leur rencontre le triangle extérieur ACD;
par cette conſtruction, chaque angle du triangle *acd* ſera le ſupplément du côté qui lui eſt
oppoſé dans le triangle ACD; & réciproquement chaque angle de ce même triangle ACD,
ſera le ſupplément du côté qui lui eſt oppoſé
dans le triangle intérieur *acd*. C'eſt par cette
raiſon, que le triangle extérieur eſt appellé *ſupplémentaire*, par rapport au triangle intérieur,
& réciproquement.

Lorſque les données d'un problême ne per-
mettront pas de ſe ſervir immédiament des principes que nous avons donnés pour la réſolution

des triangles fphériques obliquangles, on fera ufage du triangle fupplémentaire ; c'eft-à-dire, on prendra le fupplément des données du problême , & alors les côtés devenant des angles & les angles des côtés , l'application des principes pofés deviendra facile; mais il faut bien obferver que la folution obtenue de cette manière ne donne que le fupplément de la quantité demandée.

215... La réfolution des triangles fphériques obliquangles ne s'étend qu'à douze cas différens, parmi lefquels il y en a huit qui demandent qu'on réduife le triangle donné en deux triangles rectangles , par un arc perpendiculaire abaiffé d'un de fes angles fur le côté oppofé. Cet arc perpendiculaire CB (*fig.* 62ᵉ.) tombe en dedans du triangle ACD , lorfque les deux autres angles A & D , ou leurs côtés oppofés , font de même efpèce ; & il tombe en dehors (*fig.* 64ᵉ.) , lorfque les deux angles autres A & D, ou leurs côtés oppofés, font de différente efpèce.

En parcourant ces douze cas , nous ferons voir qu'au moyen du triangle fupplémentaire , la folution des fix derniers eft la même que celle des fix premiers. Nous fuivrons en cela la méthode de M. *Bezout* , d'autant qu'elle nous a parû la plus fimple & la plus facile à faifir. Mais pour rapprocher davantage les idées fur cette matière, nous avons cru qu'il convenoit de comparer ces différentes queftions deux à deux , en prenant celles dont les données & les inconnues fe trouvent oppofées les unes aux autres.

Figure 66.

217 ...: *Premier cas.*

Etant donnés deux côtés AC , CD , & l'angle A opposé à l'un d'eux, trouver l'angle D opposé à l'autre côté donné.

C'est un des cas les plus simples ; il se résout par l'analogie du premier principe , sin. CD : sin. AC : : sin. A : sin. D.

Ce cas est douteux , lorsque CD est moindre que AC , puisqu'on ne peut déterminer par les données si l'angle D est aigu ou obtus.

II. Cas.

Etant donnés deux côtés AC , CD , & l'angle A opposé à l'un d'eux, trouver le troisième côté AD.

De l'angle C opposé au côté cherché, abaissez l'arc CB perpendiculairement sur AD, ou sur son prolongement; & dans le triangle rectangle ACB , connoissant AC, l'angle A & l'angle droit B , calculez le segment AB par cette proportion des triangles rectangles, R : co-s. A : : tang. AC : tang. AB. Et pour

Figure 65.

Cas opposé au premier.

Etant donnés deux angles A & D , & le côté CD opposé à l'angle A , trouver le côté AC opposé à l'autre angle.

Sans le secours du triangle supplémentaire , on peut résoudre ce cas par l'analogie du premier principe , sin. A : sin. D : : sin. CD : sin. AC.

Ce cas opposé est aussi douteux , puisque le côté AC peut être plus petit ou plus grand que 90°.

Cas opposé au II.

Etant donnés deux angles *a* & *d* , & le côté *cd* opposé à l'angle *a*, trouver le troisième angle *c*.

Dans le triangle ACD, prenez les supplémens des trois données du problême ; & connoissant dans ce triangle supplémentaire les deux côtés CD , CA, supplémens des angles *a* & *d* , plus l'angle A , supplément du côté *cd*, il sera facile de trouver le troisième côté AD , supplément de l'angle *c* demandé.

H iv

| *Figure 66.* | *Figure 65.* |

avoir l'autre egment BD, servez-vous de l'analogie du second principe des triangles ob iquangles, cofinus AC : co-. CD : : co-f AB : co-f. BD.

Si CB tombe en dedans du triangle, le côté cherché AD fera égal à AB+BD; & fi l'arc CB tombe en dehors, AD fera égal à AB —BD.

De l'angle C, oppofé au côté cherché, abaiffez l'arc CB, & cherchez le fegment AB par cette proportion, R : co f A : : tang. AC : tang. AB.

Pour avoir l'autre fegment BD, calculez le quatrième terme de celle-ci, co-f AC : co-f. CD : : co-f. AB : co f. BD.

Si l'arc CB tombe en dedans ou en dehors du triangle, on fe conduira exactement comme dans le cas oppofé à celui-ci; mais puifqu'on s'eft fervi du triangle fupplémentaire, le côté trouvé AD n'eft que le fupplément de l'angle c demandé.

III. *Cas.*

Etant donnés les deux angles A & D, avec le côté AC, oppofé à l'un d'eux, trouver le côté intercepté AD.

Après avoir abaiffé l'arc CB, cherchez le fegment AB par la proportion, R : co f. A : : tang. AC : tang. AB.

Et pour avoir l'autre fegment, appliquez l'ana-

Cas oppofé au III.

Etant donnés les deux côtés cd, ac, avec l'angle a oppofé au côté cd, trouver l'angle c compris entre les deux côtés connus.

Prenez dans le triangle ADC le fupplément des trois chofes données, & alors connoiffant les angles A & D, avec le côté oppofé-CD, déterminez le côté AD, compris entre

Figure 66.

logie du troisième principe, co-t. A : co-t. D : : fin. AB : fin. BD.

IV. *Cas.*

Etant donnés deux côtés AC, AD, & l'angle A compris entre ces deux côtés, trouver le troisième côté CD.

De l'angle C, abaissez l'arc perpendiculaire CB ; & après avoir trouvé le segment AB, par cette proportion, la même que dans le cas précédent, R : co-f. A : : tang. AC : tang. AB.

Retranchez-le du côté AD, si vous avez la figure 62, ou ajoutez-le à ce côté, si vous avez la figure 64, & vous aurez le segment BD ; alors pour trouver le côté CD, faites cette proportion, co-f. AB : co-f. BD : : co-f. AC : co-f. CD.

V. *Cas.*

Etant donnés deux côtés AC, AD, & l'angle A

Figure 65.

les deux angles donnés, par ces deux proportions, R : co-f. A : : t. AC : t. AB co-t. A : co-t. D : : fin. AB : fin. BD.

Prenez ensuite le supplément du côté AD, & vous aurez la valeur de l'angle *c* demandé.

Cas opposé au IV.

Etant donnés deux angles *d* & *c*, & le côté *cd* compris, trouver le troisième angle *a*.

Prenez dans le triangle ACD le supplément des trois choses données ; & alors connoissant les deux côtés AC, AD & l'angle A compris, déterminez le troisième côté CD par ces deux analogies, en se conformant à ce qui a été prescrit dans le cas opposé. R : co-f. A : t. AC : t. AB ; co-f. AB : co-f. BD : : co-f. AC : co-f. CD.

Prenez le supplément de CD, & vous aurez l'angle *a* demandé.

Cas opposé au V.

Etant donnés deux angles *d* & *c*, avec le côté

Figure 66.

compris, trouver l'angle D.

Cherchez le segment AB, comme ci-dessus, R : co-s. A :: tang. AC : tang. AB, & conduisez-vous de la manière enseignée, selon que vous calculez le triangle de la figure 62, ou celui de la figure 64.

Ensuite pour avoir l'angle D, connoissant les deux segmens AB, BD, cherchez le quatrième terme de cette proportion, sin AB. : sin. BD :: co-t. A : co-t. D.

VI. Cas.

Etant donnés les trois côtés AC, AD, CD, trouver un angle quelconque ; par exemple, l'angle A.

Abaissez de l'angle C l'arc perpendiculaire CB sur le côté AD adjacent à l'angle demandé ; & connoissant la somme, & par conséquent la demi-somme des deux segmens AB, BD, cherchez leur demi-diffé-

Figure 65.

compris, trouver le côté ac opposé à l'angle d.

Prenez le supplément des trois choses données ; & dans le triangle ACD, connoissant les deux côtés AC, AD, & l'angle A compris, déterminez l'angle D opposé au côté AC.

On trouvera le segment AB par cette proportion, R : co-s. A : : tang. AC : tang. AB.

Connoissant les deux segmens AB, BD, pour trouver l'angle D, on fera celle-ci, sin. AB : sin BD : : co-t. A : co-t. D.

Et le supplément de l'angle D sera la valeur du côté ac demandé.

Cas opposé au VI.

Etant donnés les trois angles a, c, d, trouver un côté quelconque ; par exemple, le côté cd.

Prenez le supplément des trois angles donnés ; & dans le triangle supplémentaire ACD, connoissant les trois côtés AC, AD, CD, il ne s'agira plus que de calculer l'angle A, supplément de cd.

Ayant abaissé, comme

Figure 66.

rence par l'analogie du quatrième principe.

$$\text{Tang. } \frac{AD}{2} : t. \frac{AC+CD}{2}$$
$$:: t. \frac{AC-CD}{2} : t. \frac{AB-BD}{2}.$$

Ajoutez cette demi-différence à la moitié de AD, & vous aurez le plus grand segment AB ; alors pour trouver l'angle A demandé, faites cette proportion :

Tang. AC : tang. AB :: R : co-f. A.

Si l'arc perpendiculaire tombe hors du triangle, comme dans la figure 64, le quatrième terme de la première analogie donne la demi-fomme des deux fegmens, au lieu de la demi-différence, qui eft alors connue par l'état de la queftion.

218. Ce problême fe réfout encore d'une autre manière que nous allons expofer ; c'eft même celle que l'on fuit ordinairement.

De la demi-fomme des trois côtés donnés, retranchez fuccefivement chacun des deux côtés qui comprennent l'angle cher-

Figure 65.

dans le cas oppofé, l'arc AB fur le côté AD adjacent à l'angle demandé , calculez le quatrième terme de cette proportion :

$$\text{Tang. } \frac{AD}{2} : t. \frac{AC+CD}{2}$$
$$:: t. \frac{AC-CD}{2} : t. \frac{AB-BD}{2}.$$

Ajoutez cette demi-différence à la moitié de AD, & vous aurez le plus grand segment AB.

Pour avoir l'angle A , on cherchera le quatrième terme de celle-ci :

Tang. AC : tang. AB :: R : co-f. A.

Après s'être conformé à ce qui eft prefcrit dans le cas oppofé pour le triangle de la figure 62, ou de la figure 64, on prendra le fupplément de l'angle A , & on aura la valeur précife du côté *cd* demandé.

On peut encore réfoudre ce problême de cette manière, qui paroît plus commode dans la pratique ; & au lieu du quarré du rayon, nous nous fervirons du complément arithmétique des logarithmes finus des deux côtés , qui comprennent l'angle cherché. Cette

Figure 66.

ché ; ce qui vous donnera deux reſtes.

Alors au double du logarithme du rayon , ajoutez les logarithmes ſinus de ces deux reſtes , & du total retranchez la ſomme des logarithmes ſinus des deux côtés qui comprennent l'angle cherché.

Le reſte ſera le logarithme du quarré du ſinus de la moitié de cet angle. Prenez la moitié de ce logarithme reſtant ; cherchez ſa valeur dans les tables , & l'ayant trouvée , doublez-la ; ce ſera la valeur de l'angle demandé.

Cette pratique eſt fondée ſur cette analogie :

Le produit des ſinus des deux côtés qui comprennent l'angle cherché,

— Eſt au produit des ſinus des deux excès de la demi-ſomme des trois côtés ſur chacun de ces deux côtés,

Comme le quarré du rayon

Eſt au quarré du ſinus de la moitié de l'angle cherché.

Figure 65.

méthode eſt abſolument la même que celle du cas oppoſé.

De la demi-ſomme des trois côtés donnés , retranchez ſucceſſivement chacun des deux côtés qui comprennent l'angle cherché , ce qui donnera deux reſtes.

Ajoutez enſemble les logarithmes ſinus de ces deux reſtes , & les complémens arithmétiques des ſinus des deux côtés qui comprennent l'angle cherché ; prenez la moitié de la ſomme , elle ſera le logarithme ſinus de la moitié de l'angle cherché. Doublez ſa valeur , prenez-en le ſupplément , & vous aurez le côté cherché.

SECONDE SECTION.

De la figure de la Terre.

219. Des observations très-simples & très-faciles à faire dûrent apprendre aux hommes que la Terre étoit ronde, & qu'on pouvoit regarder sa circonférence comme celle de tout cercle, divisible en un nombre quelconque de parties égales. Cette vérité n'avoit pas échappé aux premiers observateurs : elle avoit été reconnue sur-tout des Chaldéens & des Egyptiens; & quoiqu'elle fût du petit nombre de celles qu'ils avoient enseignées, elle n'a pas moins resté, long-rems après eux, ensévelie dans un profond oubli. Leurs descendans, en proie à l'ignorance & à la superstition, furent frappés d'un tel aveuglement, que, dès le cinquième siècle de notre Ere, l'opinion que la Terre étoit un globe, paroissoit une absurdité monstrueuse aux Philosophes de ce tems ; & dans le treizième siècle, ce fut une impiété. Pour dissiper une erreur si grossière, il suffisoit seulement d'ouvrir les yeux sur cette foule de phénomènes qui nous environnent.

En effet, un voyageur, à mesure qu'il avance dans sa route, s'apperçoit aisément que les objets dont il s'éloigne, disparoissent peu-à-peu, & que de nouveaux viennent successivement s'offrir à sa vue. Ce changement d'aspect ne vient pas seulement de ce que sa vue est trop foible

pour diftinguer les objets les plus éloignés, puifque avec les meilleures lunettes fouvent il n'y
parviendroit pas ; il vient encore de ce que la
courbure de la Terre, qui s'élève entre lui & ces
mêmes objets, lui en dérobe la vue, en inter-
ceptant les rayons de lumière qui les lui ren-
doient auparavant fenfibles.

Ce qui fe paffe fur terre a lieu également en
pleine mer. Lorfqu'un vaiffeau commence à découvrir la terre, il n'apperçoit d'abord que les
objets les plus élevés, comme le fommet des
montagnes ou la pointe des clochers. Ce n'eft
qu'à mefure qu'il s'approche davantage de la
côte, qu'il découvre les objets moins élevés ; &
enfin tout le terrein adjacent. Si la furface de
la Terre étoit plane, lorfqu'il apperçoit le haut
d'une tour, par exemple, il en découvriroit en
même tems le pied ; mais il n'en eft pas ainfi,
parce que la furface de la mer s'abaiffe de plus
en plus à l'égard de la ligne horifontale du
vaiffeau.

Ce qui nous prouve encore d'une manière
bien fenfible cette courbure de la Terre, c'eft
ce que nous obfervons dans les éclipfes de Lune.
Pendant ces phénomènes, nous voyons l'ombre
de la Terre projetée en forme de cercle fur le
difque lunaire, & cette ombre nous paroît
exactement ronde, malgré les différentes pofi-
tions du Soleil par rapport à nous, & quel que
foit le lieu de la Terre où nous l'obfervions. Or
il n'y a qu'un globe ou un corps fphérique dont
l'ombre puiffe être circulaire, malgré fes diffé-

rentes positions par rapport au corps lumineux : donc la Terre est sphérique , ou à-peu-près sphérique.

220... Enfin , si après toutes ces preuves , on pouvoit encore élever quelque doute sur une vérité si généralement reconnue , la *gravitation* suffiroit seule aujourd'hui pour nous en convaincre. On appelle en général *gravitation* ou *pesanteur* , cette force en vertu de laquelle toutes les parties de la matière tendent à s'approcher les unes des autres. C'est cette même force que nous éprouvons à chaque instant sur la Terre , & par laquelle tous les corps qui sont à sa surface , y retombent aussi-tôt qu'on les en éloigne. Cette force réside non-seulement à la surface des corps , mais encore dans toutes les particules de matière dont ils sont composés. La Terre n'a pris , dès sa formation, la figure sphérique, que par l'effort mutuel qu'ont fait toutes ses différentes parties à raison de leur densité, pour s'approcher du centre commun de gravité , autour duquel elles se sont disposées de manière à peser les unes sur les autres , & à se mettre dans un parfait équilibre. Par cet arrangement les eaux de la mer, comme plus légères, se sont trouvées occuper la plus grande partie de la surface du globe. Leur équilibre & leur courbure même extérieure ne dépend donc que de l'action continuelle que chaque colonne d'eau exerce sur le fond qui la retient, de manière que la direction de cette force soit perpendiculaire à la surface. Sans cet équilibre , comment l'Océan n'auroit-il pas déja franchi ſes limites, & inondé les continens qui l'environnent ?

C'étoit là le ſentiment du modeſte *Roberval* (1). Ce ſavant, dans un Ouvrage qu'il publia en 1644, ſur le ſyſtême du monde, attribue à toutes les parties de matière dont l'univers eſt compoſé, la propriété de tenʼre les unes vers les autres ; c'eſt pour cela, dit-il, qu'elles ſe diſpoſent ſphériquement, non par la vertu du centre, mais par leur attraction mutuelle, & pour ſe mettre en équilibre les unes avec les autres. (Voy. l'*Abrégé d'Aſtr. de M.* de Lalande, page 448.)

Si la peſanteur eſt une qualité inhérente à la matière, elle doit donc s'étendre à l'infini dans l'eſpace ; de ſorte que ce que nous avons dit de la Terre, doit s'appliquer également à toutes les planètes. En effet leur figure ſphérique annonce d'abord que le même agent qui a diſpoſé de celle de la Terre, a préſidé auſſi à leur formation ; qu'il pénètre intimément leur ſubſtance ; qu'il affecte leur centre & leurs parties internes

---

(1) *Roberval*, Profeſſeur de Mathématiques au Collège Royal de Paris, Géomètre auſſi ſavant que modeſte, étoit contemporain & antagoniſte de *Deſcartes*. Le Livre qu'il publia en 1644, étoit intitulé, *Ariſtarchi Samii de Mundi ſyſtemate liber*, & avoit pour principe fondamental l'attraction générale. *Deſcartes*, dont la doctrine étoit alors ſuivie dans toutes les écoles, n'eut pas de peine a écraſer ſon antogoniſte par ſon crédit & ſa grande réputation. Le mérite de *Roberval* ne fut reconnu qu'après la publication du fameux Livre des Principes de *Newton*, en 1687.

avec

avec la même force que les externes ; que fon
action, qui ne peut être altérée par aucun corps
interpofé ou par aucun obftacle quelconque, fe
propage à l'infini dans l'efpace. Le mouvement
circulaire de tous les corps céleftes autour d'un
point principal, eft une preuve bien manifefte de
fon exiftence & de fon univerfalité.

221... *Newton* a fait voir le premier que la
pefanteur que les corps exercent dans l'étendue
de la fphère de leur activité, eft toujours proportionnelle à leur maffe ; mais qu'en fe propa-
geant, elle diminue dans le même rapport que
le quarré de la diftance augmente ; en forte qu'un
corps, par exemple, qui s'éloigneroit de trois
lieues d'un autre corps, n'attireroit & ne feroit
attiré qu'avec une force neuf fois moindre que
celle qu'il exerçoit & qu'il épreuvoit auparavant.

C'eft en vertu de cette loi que toutes les planètes, & par conféquent la Terre, tournent
autour du Soleil comme centre de gravité de
notre fyftème planétaire ; que la Lune tourne ou
gravite autour de notre globe, & que les fatellites
de Jupiter & de Saturne fe meuvent autour de
leur planète principale.

222... Si le globe terreftre n'avoit reçu, dès le
commencement, qu'un mouvement de tranflation
autour du Soleil, à caufe de la gravitation égale
de toutes fes parties les unes vers les autres, fa
figure feroit reftée parfaitement fphérique ; mais
cette planète ayant reçu en même tems l'impref-

sion d'un autre mouvement (1) qui la fait tourner sur son axe dans l'espace de 24 heures (2), toutes ses différentes parties, en vertu de ce mouvement de rotation, ont acquis une force centrifuge, d'autant plus grande, qu'elles sont plus éloignées de cet axe de rotation. Cette force, opposée à la pesanteur, a altéré leur forme primitive, & l'a changée en celle d'un sphéroïde applati vers les poles (3). C'est ce que nous apprennent toutes

---

(1) Dans l'*Abrégé d'Astr.* par M. de Lalande, p. 419, on lit que *Jean Bernouilli*, dans un Mémoire de Dynamique où il considère les centres spontanés de rotation, fait voir qu'une force de projection appliquée, non pas au centre de la Terre, mais un peu plus loin du Soleil, & cela de $\frac{1}{150}$ du rayon (c'est-à-dire à dix lieues du centre de la Terre), donneroit à la Terre, supposée ronde & homogène, deux mouvemens assez conformes à ceux que l'on observe, (*Bern. opera*, t. IV, p. 283.).

(2) Suivant M. *de Lalande*, la vîtesse de la rotation diurne de la Terre est de 238 toises par seconde de tems, à-peu-près comme la vîtesse d'un boulet de canon, (*Abrégé d'Astr.* page 349.).

(3) *Newton* a trouvé que l'applatissement de la Terre étoit égal à $\frac{1}{230}$, ce qui donne environ 13 lieues; mais il supposoit que la Terre étoit par-tout homogène; c'est-à-dire, d'égale densité dans toutes ses couches, ce qui n'est pas vraisemblable. Après avoir mesuré plusieurs degrés terrestres à différentes latitudes, & pris un milieu entre toutes ces mesures, on a trouvé depuis que l'applatissement étoit de $\frac{1}{321}$, ce qui donne moins que *Newton* n'avoit trouvé. Malgré cela, on ne peut pas encore prononcer définitivement là-dessus, parce qu'on n'a pas un assez grand nombre d'expériences & d'observations, sur-tout sur la longueur du pendule à différentes latitudes. La longueur du pendule est sans contredit plus propre

les expériences du pendule, & les mesures de différens degrés terrestres dont nous ferons mention dans peu. Néanmoins, comme cette différence est peu sensible, on peut se dispenser d'y avoir égard dans les objets que nous avons à traiter, & continuer de regarder la Terre comme un corps sphérique.

223... Si l'on se représente maintenant le globe terrestre AB situé dans l'espace, de manière que chaque point de sa surface réponde exactement sous un point déterminé de celle des cieux, un observateur placé en A, par exemple, verra autour de lui un cercle terminateur, dont le plan tangeant à la surface de la Terre, sépare la partie visible du ciel de celle qui ne l'est pas. Ce cercle HAR sera l'*horison sensible* du lieu A. Si l'on suppose un autre observateur en B, diamétralement opposé au premier, celui ci ne verra également que la partie du ciel, qui, par rapport à lui, est au-dessus du plan HBR, lequel est l'*horison sensible* du lieu B. Entre ces deux horisons, il y a bien un espace égal au diamètre AB de la Terre, qui ne peut être vu ni du point A ni du point B, du moins en supposant l'œil de l'observateur à la surface ; mais la distance de la terre au ciel ou aux étoiles est si prodigieuse, en comparaison du diamètre AB,

---

que les mesures des degrés terrestres, à faire connoître la figure de la Terre ; aussi les Astronomes qui sont partis avec M. *de la Peyrouse*, doivent-ils s'occuper essentiellement de cet objet.

qu'on peut regarder le globe terreftre comme un point dans l'efpace ; & par conféquent les deux horifons comme un feul & même plan EF, paffant par le centre T de la Terre, & que pour cette raifon on nomme *horifon rationnel*, le feul qui foit en ufage.

224. L'horifon fenfible ne diffère de l'horifon rationnel auquel il eft parallèle, que par rapport aux objets qui nous environnent fur la Terre ; mais quand il s'agit des aftres, ils ne font tous deux qu'un feul & même horifon.

Nous ne ferons mention de l'horifon fenfible que pour déterminer à quelle diftance on peut porter fa vue en pleine mer, lorfqu'on eft élevé d'une certaine quantité au-deffus de fon niveau, & pour connoître fon inclinaifon à l'égard de la ligne horifontale du vaiffeau, afin d'en tenir compte dans toutes les obfervations faites à la mer.

La ligne droite ZN, qu'on peut imaginer perpendiculaire au plan du cercle EF, & paffer par fon centre, s'appelle l'*axe* de l'horifon. (Cette ligne eft repréfentée par le fil à plomb des inftrumens à l'ufage des Aftronomes.) Les points Z & N, où cette droite prolongée rencontre la fphère célefte, font les poles de l'horifon ; celui qui eft le plus élevé au-deffus de la tête d'un obfervateur, fe nomme *zénit* : (c'eft un des points les plus effentiels à l'Aftronome & au Marin ;) & celui qui répond à fes pieds, s'appelle *nadir*. Ainfi Z eft le zénit de l'obfervateur placé en A, & N eft

FIG.

son nadir. C'est le contraire pour l'observateur placé en B.

225... Mais comme tout est en mouvement dans la nature ; que la Terre & les astres se meuvent autour d'un point dans cet espace immense, il est essentiel d'examiner d'abord les propriétés qui resultent du mouvement de la Terre, & les apparences que celui des astres peut offrir aux yeux d'un observateur immobile sur la surface du globe.

Si l'on imagine que le globe terrestre PEPQ tourne (1) uniformément autour de l'un de ses diamètres PP, qu'on appelle l'*axe* de la Terre, il est évident,

68

1°. Que chaque point de sa surface décrit un cercle, dont le plan est perpendiculaire à l'axe de la Terre.

2°. Que le point E , également éloigné des deux extrémités PP de cet axe , qu'on nomme ses *poles* , décrit le plus grand cercle. Ce cercle EQ s'appelle l'*équateur* , parce qu'il partage le globe en deux parties égales , qu'on nomme *hémisphères* , ou parce que , quand le soleil répond au plan de ce cercle , les jours sont par tout égaux aux nuits sur la surface de la Terre. Ce cercle & son axe, prolongés jusqu'au ciel, répondent à l'équateur céleste & à l'axe du monde.

---

(1) La première expérience qui prouva démonstrativement , dit M. *de Lalande* , que la Terre tournoit sur son axe, fut celle du pendule faite par M. *Richer* à l'île de Cayenne , en 1672.

FIG.   L'hémisphère terreftre dans lequel nous fommes fitués, s'appelle hémifphère *boréal*, *feptentrional* ou *arctique* ; & l'autre fe nomme hémifphère *auftral*, *méridional* ou *antarctique*.

68   Les poles fitués dans ces deux hémifphères prennent exactement les mêmes dénominations; ou bien on nomme fimplement *Nord*, celui qui eft dans l'hémifphère feptentrional ; & on appelle *Sud*, celui qui répond à l'hémifphère méridional. Ils reçoivent ces différens noms des poles céleftes auxquels ils répondent, ou des vents qui foufflent des points correfpondans de l'horifon.

3°. Que les cercles décrits par différens points de la furface du globe, durant fa révolution fur fon axe, font d'autant plus petits, qu'ils font plus éloignés de l'équateur, ou plus voifins des poles. Ces cercles, qui font parallèles à l'équateur, fe nomment fimplement des *parallèles*. Si S', par exemple, marque la fituation de Paris fur la Terre, le cercle SBD, qui eft la trace que décrit cette Ville pendant une révolution du globe fur fon axe, s'appelle le *parallèle* de Paris.

4°. Que fi la Terre tourne d'Occident en Orient, comme le prouvent toutes les obfervations, un obfervateur fitué en quelque lieu que ce foit, doit voir les aftres tourner en fens contraires, avec cette différence que ceux qui font voifins de l'équateur célefte, lui paroîtront fe mouvoir beaucoup plus vîte que ceux qui font près des poles.

Quoique le sens dans lequel se fait le mouve- FIG.
ment de la Terre soit de l'Ouest à l'Est, néanmoins pour nous conformer à l'usage reçu, qui 68
n'existe que dans la manière de s'énoncer sur
cet objet , nous nous exprimerons à l'avenir
comme si le soleil & tous les astres tournoient
réellement autour de la Terre de l'Est à l'Ouest.

226... Puisque la figure de la Terre est ronde,
& qu'on ne peut faire un pas sans changer d'horison , & sans répondre par conséquent à un
point du ciel différent de celui auquel on répondoit auparavant, l'horison de chaque lieu ,
compris entre l'un & l'autre pole , doit donc
être nécessairement perpendiculaire ou incliné
au plan de l'équateur. Ces deux grands cercles
doivent donc se couper en deux parties égales,
& leurs circonférences en deux points diamétralement opposés : c'est à ces deux points d'intersection , qu'on nomme les vrais points d'*Est* &
d'*Ouest*, qu'un astre , qui décrit l'équateur, se
lève & se couche pour quelque peuple de la Terre
que ce soit.

227... Les premiers Astronomes ayant examiné attentivement les points du lever & du
coucher du soleil , imaginèrent de partager la
durée de sa révolution diurne en deux parties
égales, par un grand cercle qui , passant par le
zénit & le *nadir*, & par les poles du monde, fût
perpendiculaire à l'horison & à l'équateur. Ils
appellèrent ce cercle, le *Méridien céleste* ; &
celui qui lui correspond sur la Terre, *Méridien
terrestre* , parce que , divisant tous les parallèles

FIG. en deux parties égales, il partage aussi en deux parties égales la durée de l'apparition d'un astre sur l'horison.

68   En effet, si-tôt que le soleil paroît sur l'horison, nous le voyons s'élever par degrés en décrivant sensiblement un parallèle à l'équateur. Parvenu au plus haut de sa course, il est alors dans le plan du méridien, & c'est l'instant où il passe par ce cercle, qu'on nomme *Midi*; c'est-à-dire, milieu du jour. Il descend ensuite vers le couchant avec la même vîtesse, & à peu-près dans le même tems qu'il avoit mis à s'élever jusqu'au méridien.

228... C'est par l'intervalle de tems entre le passage & le retour du soleil à ce même cercle, qu'on mesure la durée totale du jour, laquelle on est convenu de partager en vingt-quatre heures ou parties égales. Les Astronomes comptent ces vingt-quatre heures de suite d'un midi à l'autre; mais dans l'usage ordinaire ou de la vie civile, on les partage en deux douzaines; dont l'une se compte depuis midi, jusqu'à douze heures après, ou minuit; & l'autre, depuis cet instant, jusqu'à midi du lendemain. On les distingue en heures du matin & en heures du soir. Le jour astronomique commence donc & finit à midi précis, tandis que le jour civil ne commmence & ne finit qu'à minuit; de sorte qu'il y a toujours douze heures du jour civil d'écoulées, lorsque le jour astronomique commence. Par exemple, le 15 Janvier, à neuf heures du matin, *tems civil*, revient au 14 Janvier, à vingt-une heures, *tems*

aſtronomique. Il eſt toujours fort aiſé de réduire FIG.
une de ces manières de compter à l'autre. Les
Marins ſe ſervent du tems aſtronomique, parce 68
qu'ils règlent toutes leurs opérations d'un midi à
l'autre.

229... On voit donc, par ce qui précède,
que tous les lieux ſitués ſur un même méridien
terreſtre, doivent compter midi au même inſtant,
& qu'il en eſt de même d'une autre heure quelconque du jour ou de la nuit.

230... Si par les poles ou par l'axe PP de la
Terre, on fait paſſer tant d'autres cercles qu'on
voudra, tels que PEPQ, tous ces cercles tracés
ſur ſa ſurface, ſeront autant de méridiens auxquels le ſoleil répondra ſucceſſivement pendant
la durée du jour ; d'où l'on voit que lorſqu'il
ſera midi pour ceux qui ſont ſur le méridien terreſtre PAP, il ſera plus de midi pour ceux qui ſe
trouveront ſitués à l'Orient ſur le méridien PIP,
parce que le ſoleil aura déja paſſé au méridien
de ceux-ci ; & au contraire il ne ſera pas encore
midi pour ceux qui ſont ſitués à l'Oueſt ſur le
méridien PEP.

231... Le ſoleil, en faiſant le tour de la Terre
dans l'eſpace de vingt-quatre heures, éclaire
donc ſucceſſivement les différents points de ſa
ſurface ou les 360°. de ſa circonférence, ce qui
répond préciſement à 15°. par heure ; c'eſt à-
dire, qu'à toute heure du jour, il répond à des
méridiens terreſtres, qui font entr'eux, en ſe
coupant aux poles, des angles de 15°. Donc
réciproquement ſi deux méridiens ſont éloignés

FIG. de 15, de 30 ou de 45 degrés ; c’eft-à-dire, fi l’arc de l’équateur compris entre deux méridiens, eft de 15, de 30 ou de 45 degrés, les peuples, fitués fur ces méridiens, auront midi une, deux ou trois heures plus tôt ou plus tard, felon la fituation orientale ou occidentale d’un de ces méridiens par rapport à l’autre. Ceux qui feront éloignés de 180°. à l’Oueft d’un certain méridien, compteront minuit, par exemple, lorfqu’il fera midi fur le méridien d’où ils commencent à compter.

68

232 ... On voit par là que fi deux Navigateurs partoient en même tems d’un même port, pour faire le tour de la Terre en fens contraire, l’un de l’Eft à l’Oueft, & l’autre de l’Oueft à l’Eft, étant revenus tous deux au lieu du départ, le premier compteroit un jour de plus, & le fecond un jour de moins que les habitans de ce lieu. Donc, par la même raifon, puifque les éclipfes font des phénomènes qui peuvent être apperçus de différens lieux de la Terre au même inftant, fi l’on obferve à Paris une éclipfe de foleil à huit heures précifes du matin., & que cette éclipfe ait été obfervée à Toulon le même jour à huit heures, 14′ 26″, & à Breft à fept heures 32′ 36″, on conclura d’abord que Toulon eft a l’Orient de Paris, puifqu’au même inftant on y compte plus qu’à Paris ; & que Breft eft fitué à l’Occident, puifqu’on y compte moins ; & la différence des tems, réduite en degrés, à raifon d’une heure par quinze degrés, fera connoître que le méridien de Toulon eft à l’Orient de celui

de Paris de 3°. 36′ 30″, & que celui de Brest est **FIG.**
à l'Occident de 6°. 51′.

Nous donnerons ci après la méthode de réduire le tems en parties de l'équateur, & réciproquement.

68.

233 ... C'est donc par la différence des tems que l'on compte au même instant en divers lieux de la Terre, qu'on peut déterminer la différence des méridiens de ces lieux, & par conquent leur position orientale ou occidentale par rapport à un autre lieu déterminé, & pris pour terme de comparaison. On est convenu d'appeller *premier méridien*, celui qui passe par ce lieu déterminé, & pris arbitrairement sur la surface du globe ; & on nomme *longitude* d'un lieu quelconque la distance qu'il y a du premier méridien au méridien de ce lieu. Cette distance se mesure sur la circonférence de l'équateur. Si PEP représente le premier méridien, la longitude du lieu L, par exemple, sera le nombre de degrés de l'arc AE de l'équateur.

234 ... On a été long-tems dans l'usage de compter de suite les 360°. de longitude dans le sens de l'Ouest à l'Est, tout autour du globe. Cet usage se pratique même encore ; cependant la plupart des Géographes & Hydrographes François comptent aujourd'hui les longitudes terrestres de part & d'autre du premier méridien, depuis zero, jusqu'à 180°., & distinguent par conséquent deux sortes de longitudes, l'une *orientale* & l'autre *occidentale*. Cela est absolument indifférent, pourvu que l'on s'entende.

FIG.

68

235... D'après une Ordonnance de Louis XIII, en 1634, les François faisoient paller leur premier méridien par l'île de Fer, la plus occidentale des Canaries ; mais aujourd'hui, à en juger par la plupart des Cartes géographiques & hydrographiques, il semble qu'ils préfèrent généralement de prendre, pour premier méridien, celui qui palle par l'Observatoire Royal de Paris ; d'ailleurs c'elt sur ce méridien que sont construites toutes les tables altronomiques dont ils sont ulage dans la navigation. Les Anglois ont fixé leur premier méridien à Londres, les Espagnols à Madrid, les Italiens à Rome, les Hollandois à Amsterdam, &c. Enfin chaque Nation maritime a adopté aujourd'hui pour premier méridien, celui qui palle par la capitale de son pays. On sent aisément que cette différence des méridiens ne nuit en rien au calcul des longitudes ; elle n'elt pour chaque peuple maritime qu'une manière plus naturelle & plus commode de rapporter à son pays les diltances orientales ou occidentales.

236... Quoique la longitude nous donne la polition orientale ou occidentale des différens lieux de la Terre, cette connoilance ne suffit pas encore pour déterminer la place qu'ils doivent occuper sur la surface du globe ; car puisque tous les lieux qui sont situés sur un même méridien, ont même degré de longitude, quoique plus ou moins éloignés de l'équateur, il elt clair que, connoilant la longitude d'un lieu quelconque L, on saura bien sur quel méridien ce lieu elt situé ; mais on ne pourra pas alligner quelle elt sa place fur ce même méridien, fi l'on ne fait pas encore à quelle diftance il eft de l'équateur, ou de combien de degrés eft l'arc AL du méridien compris entre ce lieu & l'équateur : c'eft cette diftance qu'on nomme *latitude* du lieu L.

237... La *latitude* d'un lieu quelconque eft donc le nombre de degrés de l'arc du méridien compris entre ce lieu & l'équateur. Ce nombre de degrés fe compte fur le méridien, à partir de l'équateur vers l'un ou l'autre pole ; d'où il fuit,

1°. Qu'il y a deux latitudes, l'une *feptentrionale*, & l'autre *méridionale*, felon que le lieu dont il s'agit eft dans l'hémifphère feptentrional ou méridional.

2°. Que puifque les parallèles ont tous les points de leur circonférence à égale diftance de l'équateur, tous les lieux, fitués fur un même parallèle, doivent avoir la même latitude.

C'eft par l'obfervation des aftres que les Aftronomes & les Marins déterminent la latitude & la longitude des différens lieux de la terre & de la mer, comme nous le verrons en fon lieu.

Concluons donc de ce qui vient d'être dit, que la pofition d'un lieu fur la furface de la Terre eft entièrement déterminée, lorfqu'on connoît fa longitude & fa latitude.

Réduction des Degrés de l'Equateur en tems & du tems en degrés.

La longitude terreftre ne fe compte pas feu-

FIG.
68

FIG. lement en degrés, elle se compte aussi en heures,
comme nous venons de le voir ; il faut donc
68 qu'un pilote soit en état de trouver sur le champ
la correspondance de ces deux manières de
compter, qu'on emploie très-souvent dans les
calculs du pilotage , & qu'il en connoisse le
rapport.

2 ; 8 ... Lorsqu'il s'agit de convertir les degrés
en tems, il faut se rappeller que le soleil, dans
sa révolution diurne , parcourt les 360°. de la
circonférence de la Terre dans l'espace de vingt-
quatre heures : donc chaque 15°. répondent à
une heure.

$$c'est\text{-}à\text{-}dire,\ \begin{cases} 15°.\ de\ long.\dots = 60'. \\ 1°.\ \dots\dots\dots = 4'. \\ 1'\ \dots\dots\dots = 4''. \\ 1''\ \dots\dots\dots = 4'''. \end{cases}\ de\ tems.$$

D'où il suit que pour réduire les degrés & parties
de degré en tems , il faut quadrupler le tout , &
compter les degrés , minutes & secondes de ce
produit , pour des minutes , secondes & tierces
d'heure.

E x e m p l e.

Pour réduire en tems.... 24°. 52' 36'' de long.
Il faut multiplier le tout par 4
& on a en tems ... 1 ʰ. 39' 30'' 24'''

2 3 9 ... Veut-on au contraire réduire le tems
en degrés de longitude , on observera que puis-

que une heure ou 60′ répondent à 15°. de lon- FIG.
gitude,

{ 1′ de tems répondra à 15′ ou ¼ de degré.
{ 1″ de tems ..... à 15″ ou ¼ de min. de deg.   68
{ 1‴ de tems ..... à 15‴ ou ¼ de fec. de deg.
Ainfi de fuite.

Donc pour convertir les heures, minutes,
&c. en degrés & parties de degrés, il faut
réduire les heures & minutes tout en minutes;
puis compter les minutes, fecondes & tierces de
tems pour des degrés, minutes & fecondes de
degré; le quart de tout fera le nombre de degrés
& parties de degrés demandés.

E X E M P L E.

Pour réduire en degrés de longitude 3 h. 9′
11″, il faut multiplier les heures par 60, en y
ajoutant les minutes, & on aura 189′11″, qu'on
prendra pour 189°.11″, dont le ¼ donnera 47°.
17′ 45″ de longitude.

Pour éviter la peine de faire ces réductions,
on trouvera, à la fin de cet Ouvrage, deux tables;
l'une pour réduire en tems les degrés & parties
de degré de longitude ou de l'équateur, & l'autre
pour réduire le tems en degrés & parties de degré de l'équateur.

Réduire l'heure qu'il eft fur le Méridien où l'on eft,
à celle que l'on doit compter au même inftant fur
un autre Méridien connu.

240... Puifque les tables des mouvemens

FIG. céleftes dont on fait ufage dans la Marine, font calculées pour le méridien de Paris, il faut qu'un pilote qui veut s'en fervir, fache réduire l'heure

68 qu'il eft fur fon navire, à celle que l'on compte au même inftant à Paris. Rien n'eft plus facile que cette réduction ; il fuffit feulement de faire attention fi l'on compte au même inftant fur le navire plus ou moins qu'à Paris, ce qui dépend de la route qu'on a tenue par rapport au méridien de cette capitale, en cinglant vers l'Eft ou vers l'Oueft. Par exemple, fi le navire fe trouve à l'Eft du méridien de Paris, pour avoir l'heure qu'il eft dans cette dernière Ville, il faut fouftraire la différence des méridiens, réduite en tems, de l'heure que l'on compte dans le navire ; fi au contraire, le navire eft à l'Oueft de Paris, on ajoutera la différence des méridiens au tems compté fur le navire, & l'on aura ainfi l'heure qu'il eft au même inftant à Paris. Quelques exemples fuffiront pour mettre fur la voie.

E x e m p l e I.

Le 20 Juillet, à midi, un navire étant en mer par 45°. de longitude occidentale de Paris, on demande l'heure que l'on compte au même inftant dans cette Ville.

Puifqu'on eft à l'Oueft de Paris, on doit compter fur le navire moins qu'à Paris ; car il eft clair, par tout ce que nous avons dit (231, 232), que le foleil a déja paffé au méridien de cette Ville : donc, fi l'on ajoute la différence des méridiens,

réduite

réduite en tems, à l'heure comptée sur le navire, on aura celle que l'on compte au même instant à Paris.

Long. du navire 45°. Ouest de Paris,
    ou différence des méridiens ré-
    duite en tems . . . . . . 3h. 0′ 0″
Tems astronom. compté sur le na-
    vire, le 20 Juillet, à . , . . . 0 0′ 0″
Tems astron. compté à Paris, le 20
    Juillet . . . . 3h. 0′ 0″
Ou à 3 h. du soir en tems civil . . . .

Exemple II.

On demande l'heure astronomique qu'il est à Paris, quand on compte le 10 Janvier à 6 heures du matin sur un navire qui est par 36°. 30′ de longitude orientale du méridien de cette dernière Ville.

Le Navire étant à l'Est de Paris, on doit y compter plus que dans cette Ville : donc pour avoir l'heure qu'il est au même instant à Paris, il faut retrancher la différence des méridiens réduite en tems de l'heure comptée sur le navire.

Le 10 Janv. à 6 h. du m. se réduit,
    en tems astron. au 9 Janvier, à 18h. 0′ 0″
La long. orient. du navire 36°. 30′
    donne, pour différence des mé-
    ridiens réduite en tems, — 2 26′ ″

Tems astr. compté à Paris le 9 Janv. à 15h. 34′ ″

Ou le 10 Janv. à 3 h. 34′ du m. en tems civil . . . . :

Nous avons supposé dans ces deux exemples la longitude comptée de part & d'autre du méridien de Paris ; mais si on la compte de l'île de Fer, dans le sens de l'Est à l'Ouest tout autour du globe, il faudra d'abord la réduire à celle de Paris de la manière suivante :

Retranchez toujours 20 degrés de la longitude comptée de l'île de Fer, à cause que le méridien de cette Ile est plus occidental que celui de Paris de toute cette quantité, le reste sera la longitude orientale de Paris.

Si ce reste excède 180°., vous le soustrairez de 360°., & la différence sera la longitude occidentale de Paris.

Mais si la longitude comptée de l'île de Fer est au-dessous de 20°., vous la soustrairez de 360°., & la différence sera la longitude occidentale de Paris.

Exemple III.

Un navire part de Dunkerque pour l'Amérique ; dans sa traversée, il se trouve par 304°. de longitude de l'île de Fer, le 25 Juin, à dix heures du matin : on demande l'heure astronomique & civile qu'il est alors à Paris.

Je commence d'abord à retrancher 20°. de 304°., & parce que le reste 284°. excède 180°., je l'ôte de 360°., il me reste 86°· pour la longitude occidentale de Paris, laquelle, réduite en tems, donne 5 h. 44′. Donc on doit compter

à Paris 5 h. 44′ de plus que fur le navire ; c'eft-
à dire, qu'au même inftant où l'on compte à
bord 10 heures du matin, il eft à Paris, le 25
Juin, 1 h. 44′ en tems aftronomique, ou 1 h.
44′ du foir en tems civil.

Exemple IV.

Un navire étant parti de Breft, fe trouve
quelque tems après par 81°. 45′ de longitude de
l'île de Fer, & compte à bord le 12 Décembre
à 5 h. du matin. On demande quelle heure il eft
alors à Paris.

Je retranche 20°. de 81°. 45′. La différence
61°. 45′ eft la longitude orientale de Paris : on
compte donc moins à Paris de toute cette quantité réduite en tems ; c'eft-à-dire, que le 12
Décembre, à 5 heures du matin comptées fur
le navire, revient au 11 Décembre, à 12 h.
53′, tems aftronomique compté à Paris, ou au
12 Décembre, à 53′ après minuit, en tems
civil.

Exemple V.

Un navire part de l'île de Bourbon, pour
venir en Europe ; après avoir couru 95°. 40′ à
l'Oueft de cette Ile, il compte le 1 Mars à
3 heures du foir. On demande l'heure qu'il eft
alors à Paris.

En ouvrant la table de la différence des méridiens, entre Paris & les principaux lieux de la
Terre qu'on trouve à la fin de cet Ouvrage, je

vois que l'île de Bourbon eſt par 53°. 10′ à l'Eſt
du méridien de Paris. Or le navire ayant couru
95°. 40′ à l'Oueſt de cette Ile, a déja outre-
paſſé le méridien de Paris, puiſqu'il ſe trouve
à 42°. 30′. du côté de l'Oueſt. Ainſi le 1 Mars,
à 3 h. du ſoir ſur le navire, doit répondre ſur le
méridien de Paris, au 1 Mars, à 5 h. 50′ en
tems aſtronomique, ou à 5 h. 50′ du ſoir en tems
civil.

De la grandeur abſolue des Degrés terreſtres.

241 ... Connoiſſant par obſervation la latitude & la longitude de différens lieux ſur la
ſurface du globe, il étoit de la plus grande im-
portance pour la Géographie & la Navigation de
connoître la grandeur abſolue de la Terre, afin
d'avoir la véritable diſtance de ces lieux ; mais
rien ne paroiſſoit en même tems plus difficile
à entreprendre : car comment meſurer cette vaſte
étendue de continens, dont la ſurface, entre-
coupée de rivières & de lacs, eſt couverte de
montagnes & environnée de mers de toute part ?
Cette entrepriſe paroiſſoit, ſans doute, au-deſſus
des efforts de l'eſprit humain ; & l'on n'y ſeroit
jamais parvenu, ſi l'on n'avoit pu conſidérer la
Terre comme un corps parfaitement ſphérique.
C'eſt dans cette hypothèſe que les Anciens entreprirent de déterminer ſa grandeur. Ils commen-
cèrent d'abord à meſurer une partie de ſa circonférence dans le ſens du méridien ; enſuite ſe
ſervant avec adreſſe du changement de hauteur,

soit du pole , soit des astres , ils eurent en degrés la valeur de l'arc terrestre qu'ils avoient
mesuré.

242... Ce travail exige donc deux opérations
différentes ; mesure géodésique en toises ou distances itinéraires quelconques, & mesure astronomique en degrés. L'exécution de celle-ci est
même susceptible de deux méthodes différentes,
ou par l'observation des astres qui passent au
zénit d'un certain lieu & sont éloignés du zénit
d'un autre , ou par la différence des hauteurs
méridiennes du soleil entre deux lieux déter-
minés. C'est ce que firent autrefois en Egypte
Eratosthène & Possidonius ; l'un se servit de la
première méthode pour connoître la distance entre Alexandrie & Sienne , & l'autre employa
la seconde pour fixer celle qu'il y avoit entre Alexandrie & Rhodes. Mais comme on ne
peut se dissimuler que les connoissances astronomiques des Anciens & leurs ressources, sur-tout
en instrumens propres à l'observation , ne fussent
très-foibles , & par conséquent leurs mesures
peu exactes, il est essentiel de faire connoître ici
de quelle manière les Modernes s'y sont pris pour
avoir, avec plus de précision, la véritable grandeur de la Terre.

La premiere mesure qu'on ait faite avec précision , dit M. *de Lalande*, pour connoître la grandeur de la Terre , celle qui a été répétée &
constatée avec plus de soin , c'est la mesure du
degré du méridien entre Paris & Amiens.

243 ... L'exécution de cette entreprise , qui

qui a été commencée en 1669, & publiée en 1671, est due aux soins & à l'intelligence de M. *Picard*, Astronome François. L'objet qu'il se proposa d'abord, fut de connoître le nombre de toises qu'il y avoit en droite ligne entre Paris & Amiens. Dans cette vue, ayant choisi pour base de ses opérations trigonométriques, la distance de Ville-Juif à Juvisi, il se contenta de mesurer toise à toise cet espace, qu'il trouva de 5663 toises, & détermina tout le reste par une suite de triangles dépendans les uns des autres. Ensuite ayant observé aux deux extrémités de l'arc terrestre avec un secteur de dix pieds de rayon (1), la distance au zénit des mêmes étoiles, il en conclut que la grandeur d'un degré du méridien terrestre étoit de 57060 toises, valeur assez approchée, puisque la vérification qui en a été faite en 1756, ne la porte qu'à 57069 toises. D'après cette mesure, la grandeur ou la circonférence de la Terre sera donc de $57069 \times 360 = 10,544,840$ toises.

244... Le degré mesuré par M *Picard* supposoit que la Terre fût exactement sphérique, & que les lignes perpendiculaires à l'horison qui mesurent les degrés dans le ciel, fussent dirigées au centre de la Terre : mais si le globe que nous

______

(1) Il étoit important d'employer un tel instrument à la mesure de l'arc céleste, parce qu'une seconde d'erreur dans l'observation de la hauteur des étoiles cause, sur la surface de la Terre, une différence d'environ 16 toises; tandis que cette erreur sur un angle à la surface de la Terre, n'est presque d'aucune conséquence dans les opérations géométriques.

habitons eſt plus convexe daus une partie de ſa circonférence que dans l'autre, ſes degrés ne ſeront pas égaux, & celui d'entre Paris & Amiens ne ſera plus la 360ᵉ partie de ſa circonférence. Ce doute étoit trop raiſonnable & trop bien fondé, pour ne pas ſuſpendre le jugement des Savans ſur un objet auſſi important que celui de la figure & de la grandeur de la Terre.

245... Ce fut auſſi pour s'en aſſurer que l'Académie des Sciences de Paris ſongea à ſe procurer la meſure de pluſieurs degrés ſous différentes latitudes. Le Gouvernement applaudit aux vues ſublimes de cette Compagnie, & donna ſes ordres pour que rien ne manquât à l'exécution de cette entrepriſe. En conſéquence MM. *Godin, de la Condamine & Bouguer* furent envoyés au Pérou en 1735 ; & l'année après, MM. *de Maupertuis, Clairaut, Camus & Lemonier* partirent pour le Nord de la Suède. Les premiers trouvèrent que la grandeur d'un degré du méridien terreſtre ſous l'équateur répondoit à 56750 toiſes ; & les ſeconds, que le degré du méridien terreſtre qui coupe le cercle polaire, étoit de 57440 toiſes. On conclut de là que le 45ᵉ degré, qui tient un milieu entre le Nord & l'équateur, devoit être de 57030 toiſes.

246... Puiſque tous ces degrés ſont différens entr'eux, il eſt prouvé démonſtrativement que la Terre n'eſt pas parfaitement ronde. Sa ſurface eſt plus courbe vers l'équateur, puiſque les degrés y ſont plus petits ; & elle eſt plus applatie vers les poles, puiſque les degrés y ſont plus grands : de forte que l'axe de la Terre , ou la ligne droite qui va de l'un à l'autre pole , eft plus petite que le diamètre de l'équateur d'environ treize lieues. Au refte cette différence , dit M. *Bouguer* , n'eft pas affez grande pour qu'on puiffe s'en appercevoir dans les éclipfes de Lune ; on peut même fe difpenfer d'y avoir égard dans la Marine.

247 ... C'eft fur la grandeur moyenne 57030 toifes , qu'on a fixé en France celle de la lieue terreftre & de la lieue marine. La première n'eft que la 25ᵉ partie d'un degré ; c'eft-à-dire , de 2281 toifes en négligeant la fraction (1) ; & la feconde en eft la 20ᵉ partie, c'eft à-dire , de 2851 toifes ½. Cette dernière valeur répond exactement à 3′ de degré ; d'où il fuit que pour convertir en degrés & minutes de degré un nombre quelconque de lieues marines , il faut en prendre le vingtième ; ce qui donnera les dégrés , & tripler le refte pour avoir les minutes.

Par exemple , pour convertir 735 lieues marines en degrés & parties de degré , j'aurai , en opérant comme il vient d'être dit , 36°. 45′ ; & réciproquement , pour convertir ces degrés & minutes en lieues marines , il faut multiplier par 20 le nombre des degrés , & ajouter à ce

---

(1) Les Aftronomes François la font de 2283 toifes , en fe fixant à la grandeur du dugré du méridien entre Paris & Amiens.

produit le tiers du nombre des minutes. Ainsi,

$$20 \times 36 = 720 + 15 = 735 \text{ lieues.}$$

248... Les Anglois & les Italiens ne comptent pas par lieues, mais par milles ; ils en mettent 60 au degré : de forte que chaque mille répond précifément à une minute de degré, ou à un tiers de notre lieue marine ; c'eft-à-dire, à 950 toifes $\frac{1}{2}$.

Des Cartes Marines, & de leur conftruction.

249... Les *Cartes hydrographiques* ou *marines* font des plans qui repréfentent une partie de la furface de la mer avec les côtes adjacentes. On y marque les îles, les rochers, les bancs de fable, &c., & on y diftingue furtout plufieurs rofes de vent qui fervent à indiquer & à faciliter aux pilotes la route qu'ils doivent tenir pour aller d'un lieu à un autre. Le principe de leur conftruction n'eft pas le même que celui des Cartes géographiques. Dans celles-ci les méridiens font repréfentés par les lignes courbes, qui vont fe rencontrer aux poles en s'approchant continuellement les uns des autres, à mefure qu'ils s'éloignent de l'équateur ; au lieu que dans les Cartes marines, les méridiens font repréfentés par des lignes droites & parallèles entr'elles : de forte que, par cette conftruction, les degrés de longitude ou des parallèles, fitués à différentes latitudes, font tous égaux à ceux de l'équateur ; ce qui eſt le contraire dans les Cartes géographiques.

Voici les raiſons qui ont fait adopter cette eſpèce de conſtruction, & les moyens qu'on a employés dans la ſuite pour corriger le défaut qui devoit en réſulter.

250... Les Hydrographes ayant conſidéré attentivement que chaque rumb de vent fait conſ-tamment le même angle avec tous les méri-diens qu'il rencontre ſur la ſurface du globe, virent d'abord que ces rumbs ne pouvoient être repréſentés que par des lignes courbes ſur les Cartes géographiques. Ils ſentirent en même tems combien il feroit difficile aux navigateurs, non ſeulement de ſuivre les contours ou ſpires de ces courbes, qu'on nomme *loxodromies*, mais encore de meſurer les diſtances parcourues le long de ces lignes ; ce fut la raiſon pour laquelle on imagina de ſubſtituer les Cartes marines aux Cartes géographiques.

Il y a deux ſortes de Cartes marines ; *les Cartes plates*, & *les Cartes réduites*.

251... Les Cartes *plates* ſont ainſi nommées, parce que la partie du globe qu'elles repréſen-tent, eſt ſuppoſée n'avoir pas de courbure ſenſi-ble ; elles ne ſont guère d'uſage que pour le Cabo-tage : on s'en ſert quelquefois dans les courtes navigations, quoiqu'il fût beaucoup plus ſûr de ne ſe ſervir que des Cartes *réduites*, dont nous parlerons dans peu.

Afin d'être en état d'apprécier le défaut des FIG.
Cartes plates, voici le principe de leur construction.

Il suppose que la *fig.* ABCD embrasse une 69
petite partie de la surface de l'hémisphère sep-
tentrional, comprise entre le quarantième & le
cinquantième parallèle, & entre le vingtième & le
trente-deuxième degré de longitude occidentale
de Paris. Après avoir tiré la droite MR, pour
représenter le méridien qui doit régner au milieu
de la Carte, on la divisera en autant de parties
égales, qu'il y a de degrés de latitude depuis R,
jusqu'à M; c'est-à-dire, en dix parties. Sur le milieu E de MR, on élevera la perpendiculaire PL,
qui représentera le moyen parallèle; & afin de
déterminer les parties EP, EL, qui doivent marquer les degrés de longitude, d'un rayon (*of*),
égal à la longueur d'un degré du méridien MR,
pris sur une échelle de parties égales, on décrira
l'arc (*gf*), qu'on fera d'autant de degrés, qu'il
y en a depuis l'équateur, jusqu'au moyen parallèle de la Carte. Ce nombre de degrés est ici de
45.; puis abaissant du point (*g*) la perpendiculaire (*gh*), le co-sinus (*oh*) exprimera la grandeur
que doit avoir chaque degré du moyen parall-
lèle PL, ou chaque degré de longitude; car les
longueurs des arcs d'un même nombre de degrés
pris sur différens parallèles, sont proportionnelles aux co-sinus de la latitude de ces mêmes
parallèles.

On portera donc (*oh*) de E vers P & vers L,
autant de fois que la Carte doit avoir des degrés

FIG.

69

de longitude, & ce fera l'étendue de la Carte en longitude. Alors tirant par tous les points de divifion de MR des parallèles à PL , & par tous les points de divifion de PL des parallèles à MR, on aura tous les degrés de latitude & de longitude de la Carte plate ABCD , à l'aide defquels il fera facile de marquer les différens lieux ou points de la mer qu'elle repréfente.

D'après cette conftruction , il eft évident que les Cartes plates font plus commodes que les Cartes géographiques pour l'ufage de la navigation , parce que les méridiens y étant repréfentés par des lignes parallèles , les rumbs de vent deviennent alors des lignes droites faciles à mefurer ; mais on ne peut fe diffimuler en même tems que ces Cartes font d'autant moins exactes, qu'elles ont plus d'étendue du Sud au Nord, & que la partie du globe qu'elles repréfentent eft par une plus grande latitude ; car alors le pole étant plus voifin , les méridiens doivent différer davantage d'être parallèles.

Leur défaut eft de donner les degrés des parallèles trop petits d'un côté , & trop grands de l'autre. On s'apperçut de ce défaut , fi tôt qu'on commença à s'en fervir ; mais ce ne fut qu'après de longues tentatives , qu'on réuffit à y apporter la correction néceffaire, en leur fubftituant les Cartes réduites , dont l'ufage eft tout à la fois exact & commode.

Des Cartes réduites (1).

252... On peut confidérer, fuivant M. *Bézout*, les Cartes *réduites* qui repréfentent une portion de la furface de la mer, comme autant de parties du développement d'un cylindre, qu'on peut imaginer circonfcrit à la Terre, qui a par conféquent pour diamètre de fa bafe & pour hauteur le diamètre même de l'équateur, mais qui eft infini en longueur. Le but de leur conftruction eft uniquement de rendre les méridiens parallèles ', fans néanmoins changer le rapport qu'il y a entre les parties du méridien ou les degrés de latitude, & les parties des parallèles ou les degrés de longitude correfpondans.

Pour y parvenir, au lieu de diminuer l'étendue des degrés des parallèles à mefure que la latitude augmente, on les fait par-tout égaux à ceux de l'équateur; mais on donne à chaque degré du méridien une valeur d'autant plus grande, que les degrés du parallèle correfpondant devroient être plus petits.

---

(1) L'invention des Cartes réduites eft due à *Gerard Mercator*, qui, vers l'an 1550, publia la première carte de cette efpèce; mais il n'en expliqua point les principes. Ce fut *Edouard Wright* qui les découvrit vers l'an 1590; mais il ne fut reconnu pour l'Auteur de cette belle découverte, que neuf ans après.

On trouve dans l'Hydrographie du P. *Fournier*, qu'en 1690, un nommé *le Vaffeur* de Dieppe, enfeigna la manière de s'en fervir aux navigateurs François.

FIG.   253... Pour concevoir de quelle manière on
a déterminé l'augmentation graduelle qu'on doit
donner à chaque degré du méridien, il faut confidérer d'abord que le plan de chaque parallèle
68 étant perpendiculaire à l'axe de la Terre, le rayon
de chacun de ces petits cercles devient le co-finus de fa latitude ou de fa diftance à l'équateur.
Par exemple, le rayon SB du parallèle SBDS
eft le finus de l'arc SP, qui eft fa diftance au
pole, ou le co-finus de l'arc ES, qui exprime fa
diftance à l'équateur. Ainfi à mefure qu'on avance
vers les poles, les degrés des parallèles diminuent dans le même rapport que leurs circonférences, & leurs circonférences dans le même
rapport que leurs rayons; de forte que le parallèle qui eft à 60°. de l'équateur, n'eft éloigné
que de 30°. du pole : or le finus de 30°. étant
la moitié du finus total ou du rayon de l'équateur (152), la circonférence de ce parallèle n'eft
plus que la moitié de celle de l'équateur. Les
degrés de longitude fur ce parallèle ne font donc
que la moitié de ceux de l'équateur ; c'eft-à-dire,
de dix lieues.

    254... Donc puifqu'en général *la grandeur d'un
degré pris fur un parallèle quelconque, eft à celle
d'un degré de l'équateur, comme le co finus de la
latitude eft au rayon, ou comme le rayon eft à la
fecante de la latitude* [car nous avons vu (142)
que les fecantes augmentent dans le même rapport que les co-finus diminuent], fi l'on fait
conftamment le degré de chaque parallèle égal
à celui de l'équateur, tandis qu'il devroit être

plus petit d'autant que la fecante de la latitude **FIG.**
eſt plus grande, lorſqu'il s'agira d'un parallèle
ſitué à une latitude quelconque, il faudra compter le degré correſpondant du méridien, comme **68**
s'il avoit pour valeur le degré de l'équateur, augmenté dans le rapport du rayon à la fecante de
la latitude ; c'eſt-à-dire, multiplié par la fecante
de la latitude diviſée par le rayon.

255... Mais ſi l'on fait attention que chaque
degré du méridien terreſtre ne laiſſe pas que
d'avoir une certaine étendue, on verra clairement que la fecante qui répond à la première
minute d'un degré, n'eſt pas la même que celle
qui répond à la vingtième, à la quarantième ou
à la ſoixantième, puiſque tous ces différents
points d'un même degré ne ſont pas à la même
diſtance de l'équateur. On ſe tromperoit donc,
ſi l'on croyoit que, pour augmenter les degrés
de latitude, il eût été ſuffiſant de les multiplier par les fecantes correſpondantes. Afin d'arriver à un degré de préciſion convenable, on
a imaginé de partager le méridien en parties
très petites ; alors multipliant la valeur de l'une
quelconque de ces parties, par la fecante de la
la latitude correſpondante, diviſée par le rayon,
on a eu la valeur que cette partie du méridien
doit avoir ſur la Carte réduite , & cela d'autant
plus exactement, que cette partie a été priſe plus
petite.

L'exactitude eſt ſuffiſante lorſque le méridien
eſt diviſé en minutes, parce qu'on peut ſuppoſer,
ſans erreur ſenſible, qu'une petite partie de la

FIG. furface de la mer, qui n'a qu'une minute de degré, ou $\frac{1}{3}$ de lieue marine en tout fens, eft exactement plane.

68   256... Ainfi, afin d'avoir l'étendue qu'on doit donner au méridien, pour marquer une certaine latitude fur la Carte réduite, il faut prendre dans les tables ordinaires des finus toutes les fecantes naturelles de minute en minute, depuis zero, jufqu'au degré de latitude dont il s'agit. La fomme de ces fecantes, divifée par le rayon, donnera un nombre de minutes qui, étant porté depuis l'équateur fur le méridien, déterminera le degré de latitude dont il s'agit, avec une exactitude fuffifante.

On appelle *latitudes croiffantes*, les degrés du méridien augmentés & réduits fuivant cette méthode.

Veut-on favoir, par exemple, quelle eft l'étendue qu'on doit donner à l'arc du méridien d'une Carte réduite, qui s'étend depuis l'équateur, jufqu'au trentième parallèle? On prendra d'abord la fomme de toutes les fecantes de minute en minute, depuis zero, jufqu'au trentième degré de latitude; on la divifera par le rayon, qui eft de 100,000 parties; ou, pour abréger, on en retranchera les cinq derniers chiffres, & le refte 1888', exprimera la grandeur de l'arc du méridien, depuis l'équateur, jufqu'au trentième degré de latitude. Si l'on veut favoir de combien eft cette augmentation, il n'y aura qu'à fouftraire le produit de 60'×30 = 1800' de 1888', & on trouvera qu'elle eft de 88'.

257

257... Enfin si l'on fait successivement la som- FIG.
me de toutes les secantes de 60' en 60', & qu'on
en retranche les cinq derniers chiffres, on aura
la grandeur qu'on doit donner à chaque degré
du méridien d'une Carte réduite. C'est ainsi qu'on
a calculé la table des latitudes croissantes, qu'on
trouve à la fin de cet Ouvrage. Cette table est
extrêmement commode, en ce qu'on trouve à
côté de chaque degré de latitude, de dix en dix
minutes, la grandeur qu'il faut donner aux différentes parties du méridien d'une Carte réduite.

258... Qu'il soit question, par exemple, de 70
construire la Carte réduite ABCD d'une partie
de la surface de la mer, comprise entre le sixième
& le seizième degré de longitude occidentale, &
entre le quarante-quatrième & le cinquantième
degré de latitude septentrionale. Sur une échelle de
parties égales, telle que la *fig.* 34e., je prends 600
parties = 60'×10, que je porte sur la ligne BC,
laquelle représente la portion du quarante-quatrième parallèle, dont la longueur est de 10°.,
chacun de 60', & égal à celui de l'équateur; sur
le milieu de cette ligne, j'éleve la perpendiculaire ME, qui est le méridien qui doit passer au
milieu de la Carte; & pour marquer sur ce
méridien la valeur de chaque minute, depuis le
quarante-quatrième exclusivement, jusqu'au cinquantième degré de latitude, après avoir trouvé
dans la table des latitudes croissantes la valeur
du quarante-quatrième degré, je la retranche
successivement de celle de 44°. 1', de 44°. 2',

L

FIG.

70

de 44°. 3′, de 44°. 4′, de 44°. 5′, &c., ainfi de fuite, jufqu'à celle du 50ᵉ.; ou pour abreger ce travail, je me contente de chercher, par cette méthode, la grandeur de l'arc du méridien, de dix en dix minutes feulement. Je prends à mefure toutes ces grandeurs fur la même échelle, qui m'a fervi à divifer BC; je les porte fur le méridien ME, à partir toujours du point M, & j'ai ainfi la grandeur de l'arc du méridien ME; c'eft-à-dire, la différence entre les latitudes croiffantes du quarante-quatrième & du cinquantième degré de latitude.

Cela étant fait, fi l'on tire par les divifions de la ligne ME des parallèles à BC, & par les divifions de la ligne BC des parallèles à ME, on aura tous les parallèles & les méridiens de la Carte réduite ABCD, à l'aide defquels il fera facile de marquer les Iles, les bancs de fable, les Vigies, les Caps, les embouchures des Rivières; enfin, toutes les parties de la mer & des côtes adjacentes, felon leur longitude & leur latitude.

Au refte on a fuppofé dans cette conftruction, que la Terre étoit parfaitement fphérique, quoique toutes les nouvelles obfervations nous apprennent qu'elle eft applatie vers les poles; mais dans une Carte de peu d'étendue, & conftruite fur une fi petite échelle, cet applatiffement eft abfolument infenfible. Si cependant on fe fervoit pour fa conftruction d'une très grande échelle, il eft clair qu'on devroit alors avoir égard à l'applatiffement de la Terre , ce qui diminueroit un peu les degrés de latitude.

De la Bouffole.

259... Quoique l'invention de la bouffole foit généralement attribuée à *Flavio de Gioia*, Napolitain , qui vivoit dans le treizième fiècle , & qu'il femble que M. *Grimaldi* ait voulu conftater ce point d'hiftoire dans fa belle Differtation imprimée parmi celles de l'Académie Etrufque , il n'eft pas moins certain que la bouffole étoit connue en France avant l'année 1200, comme il paroît par les Poëfies de *Hugues de Bercy* & de *Jean de Mehun*, cités l'un & l'autre par *Pafquier* , dans le quatrième Livre de fes *Recherches fur la France*. Quoi qu'il en foit de la date de cette découverte, « la bouffole, dit M. » *Van-Swinden* (1) , parut fournir aux Marins » un moyen sûr pour fe guider & pour trou- » ver le vrai Nord en tout tems. On s'y fia » long-tems , fans y foupçonner la moindre » erreur : (tant il eft vrai qu'on étoit alors peu » obfervateur !). Plus de trois fiècles s'écoulèrent » avant que la déclinaifon fût bien conftatée , » & encore ne l'admit-on qu'après y avoir oppofé » tout ce que les préjugés & de faux principes » de phyfique purent fournir d'argumens ».

____

(1) Voyez le Mémoire de M. *Van-Swinden* , fur la meilleure manière de conftruire les bouffoles , couronné en 1777.

260... La boussole dont on se sert aujourd'hui pour la navigation , consiste principalement en une aiguille ou lame d'acier , qui ayant été frottée à une pierre d'aimant , ou plutôt à un aimant artificiel , en a reçu la propriété singulière de se diriger vers le Nord , & d'indiquer à peu-près la direction du méridien , & par conséquent la route du navire. Pour cet effet , il faut qu'étant suspendue sur un pivot , elle puisse tourner librement , revenir , après quelques balancemens, à sa position naturelle , & s'y fixer.

261 ... Cette ligne dans laquelle l'aiguille se fixe ainsi d'elle-même, malgré les mouvemens de roulis & de tangage du vaisseau ,s'appelle le *méridien magnétique.*

C'est à la ligne méridienne déterminée par le mouvement du soleil ou des astres, qu'on rapporte la situation de l'aiguille aimantée, & l'on appelle *déclinaison* ou *variation de l'aiguille* , l'angle qu'elle fait sur un plan horisontal avec la méridienne ou la ligne Nord & Sud. Cette déclinaison n'est pas la même dans tous les lieux de la Terre; elle est même variable en différens tems pour un même lieu. Il est donc essentiel de s'assurer de ses différens changemens le plus souvent qu'il est possible, sur-tout en mer , où elle doit servir de guide aux Navigateurs. Nous donnerons (692 *& suiv.*) les moyens de déterminer les degrés de cette variation par l'observation des astres.

262... Dans les boussoles marines , l'aiguille aimantée est posée sur un style de cuivre , au

moyen d'une chappe pratiquée dans le milieu de fa plus grande largeur : elle eft enfer-
mée dans une boîte ronde , couverte d'une
glace , comme les boulloles ordinaires. Cette
aiguille , pour être bonne , doit avoir deux qualités elfentielles ; celle d'être bien fufpendue par
fon centre de gravité, afin que rien ne l'empêche
de fuivre fa direction naturelle ; & celle de
n'être pas aufli mobile fur fon pivot que l'eft ordinairement l'aiguille des boulloles dont on fe
fert à terre. Pour cet effet, on la charge dans fon
milieu d'un morceau de carton , ou de talc très-
mince, taillé en rond , & collé entre deux mor-
ceaux de papier ; en forte que dans fon mouvement elle eft obligée d'entraîner avec elle ce
cercle qui , par fon poids, modère la trop grande
facilité qu'elle auroit à vaciller. Ces deux qualités
ne paroilfent pas bien faciles à concilier ; aufli
ce problême de phyfique n'eft-il pas aufli aifé à
réfoudre qu'on le penfe.

263 ... C'eft fur le cercle de carton appliqué
fur la chappe de l'aiguille , qu'eft tracée la rofe
des vents. Ce cercle eft entouré d'un autre cercle
concentrique , lequel étant divifé en 360°. , fert
à mefurer les angles de la déclinaifon de l'aiguille.
Les quatre points *cardinaux* , *Nord* , *Sud* , *Eft*
& *Oueft* , partagent la rofe de la boulfole , ainfi
que l'horifon , en quatre parties égales. Le Nord
eft indiqué par une fleur de lys , qui répond à
l'extrémité de l'aiguille. Le diamètre qui palfe
par ce point , & aboutit à l'autre point oppofé
du cercle de carton , repréfente la ligne méri-

FIG. dienne ou la ligne Nord & Sud de la bouſſole.
Un ſecond diamètre, perpendiculaire au premier, indique, par ſes extrémités, l'Eſt &
l'Oueſt. On nomme ces quatre points, *cardinaux*,
71　parce qu'ils communiquent leur nom à tous les
autres vents.

L'air de vent qui eſt entre le Nord & l'Eſt,
emprunte ſon nom des deux premiers, & ſe
nomme *Nord-eſt*. On nomme également *Nord-
oueſt* celui qui eſt entre le Nord & l'Oueſt ; *Sud-
eſt*, celui qui eſt entre le Sud & l'Eſt ; *Sud-oueſt*,
celui qui eſt entre le Sud & l'Oueſt. L'horiſon,
ou le contour de la bouſſole, ſe trouve ainſi diviſé
en huit parties égales.

On partage encore chacun de ces airs de vent
en deux autres, & l'on donne à ces nouveaux
rumbs un nom compoſé des deux autres entre
leſquels ils ſe trouvent. Ainſi on nomme *Nord-
nord-oueſt*, celui qui eſt entre le Nord & le
Nord-oueſt ; *Sud-ſud-oueſt*, celui qui eſt entre
le Sud & le Sud-oueſt, ainſi des autres. Enfin,
pour avoir les trente-deux rumbs de vent qu'on
diſtingue dans la Marine, on ſubdiviſe les ſeize
qu'on vient d'obtenir, chacun en deux autres ;
mais pour abréger, on nomme celui qui eſt entre
le Nord & le N-N-E, *Nord quart de Nord-eſt*,
parce qu'il exprime le $\frac{1}{4}$ de la diſtance qu'il y a
du Nord au N-E, & on l'écrit ainſi, $N\frac{1}{4}N\text{-}E$.
On nomme de même $N\text{-}E\frac{1}{4}N$, celui qui eſt
entre le N-E & le Nord ; $S\frac{1}{4}S\text{-}O$, celui qui
eſt entre le Sud & le S-O ; $S\text{-}O\frac{1}{4}S$, celui qui
eſt entre le S O & le Sud, &c., ainſi qu'on peut
le voir par la *fig.* 71e., qui repréſente les trente-

deux rumbs de vent, & dont l'expofition feule fera mieux comprendre ce que je viens de dire, que le détail le plus circonftancié.

A caufe de l'agitation du vaiffeau, dont les fecouffes font quelquefois très-violentes, on eft obligé de munir la bouffole d'une double boîte, de manière que celle du dedans eft foutenue fur plufieurs cercles de cuivre, appellés *balanciers*, dont la difpofition eft telle, qu'elle peut fe mouvoir en deux fens différens. Cette fufpenfion lui procure l'avantage de fe maintenir dans une fituation horifontale, ou d'y revenir par un mouvement plus doux, lorfqu'elle en a été dérangée par l'agitation du vaiffeau.

Différentes fortes de Bouffoles, & de leurs ufages.

264... Les Marins nomment *compas de route* la bouffole dont ils fe fervent pour diriger le cap, ou la proue du navire, du côté vers lequel ils veulent aller. Cette bouffole eft placée dans l'*habitacle*, efpèce d'armoire ouverte, & fituée perpendiculairement à la longueur de la quille du vaiffeau. La boîte extérieure de la bouffole eft parfaitement quarrée, de forte qu'il fuffit ordinairement d'examiner la fituation de la rofe des vents, à l'égard des deux côtés de la boîte ou même de l'habitacle, pour connoître la direction de la quille, fans être obligé de jetter les yeux fur l'avant du vaiffeau.

265... Quand la bouffole fert à relever les

FIG.　objets éloignés, ou à obferver le lever ou le coucher du foleil, pour connoître la variation de l'aiguille aimantée, on l'appelle alors *compas de variation*. Sa boîte extérieure eft garnie de
72　deux pinnules A & B, par lefquelles on vife aux objets dont on veut favoir la direction; mais cet inftrument exige toujours le concours de deux obfervateurs. Pendant que l'un pointe à l'objet, à travers des pinnules, il faut que l'autre examine quelle eft-la fituation de la ligne Nord & Sud de la rofe des vents, à l'égard du fil EG tendu perpendiculairement à la ligne AB, qui joint les deux pinnules. L'angle que font ces deux lignes, eft précifément égal à celui que fait la direction de l'objet obfervé avec le méridien magnétique; ce qu'il eft facile de voir en jettant les yeux fur la *fig.* 72e.

Si, par exemple, on obferve le lever ou le coucher du foleil le jour de l'Equinoxe, la ligne Nord & Sud de la rofe doit répondre exactement fous le fil EG; & fa diftance à la direction AB des deux pinnules doit être alors de 90°., s'il n'y a point de variation; parce qu'au tems des Equinoxes, le foleil n'a point d'amplitude; il fe lève & fe couche aux vrais points d'Eft & d'Oueft. S'il y a de la variation, cette diftance fera plus petite ou plus grande, felon que la variation de l'aiguille fera du même côté de l'aftre obfervé, ou du côté oppofé.

Si l'on obferve le lever ou le coucher du foleil dans tout autre tems de l'année, où cet aftre a une amplitude quelconque, en comparant l'am-

plitude obfervée avec l'amplitude calculée d'a-
vance pour ce jour-là, la différence donnera
toujours la variation de l'aiguille, laquelle peut
être indifféremment du côté de l'Eft ou du côté
de l'Oueft. Ce que nous venons de dire du foleil,
peut avoir lieu pour un autre aftre d'une déclinaifon connue.

266... Mais il n'eft pas toujours poffible de
fe fervir en mer du compas de variation pour
obferver le lever ou le coucher des aftres, à caufe
des vapeurs qui bordent l'horifon, & qui les
cachent fouvent pour plufieurs jours de fuite.
Alors on attend que les aftres foient parvenus à
quelque degré d'élévation au-deffus de l'horifon;
mais c'eft alors précifément qu'on ne peut pas
compter fur l'exactitude des obfervations faites
avec le compas de variation, parce que cet inftrument n'étant propre qu'à mefurer des angles
formés fur un plan horifontal, il fuit qu'à une
hauteur médiocre, l'erreur va quelquefois jufqu'à quatre ou cinq degrés fans qu'on s'en ap-
perçoive. Afin d'obvier à cet inconvénient, M.
Halley en a imaginé un autre, qu'il nomme
compas azimutal, parce qu'il fert à faire connoître la variation de l'aiguille par les *azimuts* des
aftres. On trouvera (718 & 719) la defcription
de cet inftrument, & la manière de s'en fervir.

267... Lorfqu'en faifant route, la variation
de l'aiguille fe trouve du côté de l'Eft, & qu'on
veut y avoir égard, il faut la compter à gauche
du rumb de vent que l'on fuit, & fi elle eft du
côté de l'Oueft, il faut la compter à droite.

Par exemple, pour faire route au N-O¼N, la variation étant de 15°. du côté de l'Est, on dirige le cap ou la proue du navire au N.O 3°. 45′ Ouest. Si au contraire la variation est du côté de l'Ouest, on dirige la proue au N-N-O 3°. 45′ Nord. Enfin il faut porter le cap à droite, d'autant que la variation porte à gauche ; mais dans la pratique ordinaire de la navigation, le pilote qui est de quart se contente seulement de tenir une note exacte de la quantité de variation dont toutes ses routes ont été affectées, se proposant ensuite d'y avoir égard, ou de les corriger de cette erreur, lorsqu'il en fait le calcul.

La variation du côté de l'Est se nomme par les Marins, *variation N-E* ; & celle du côté de l'Ouest, *variation N-O*. C'est de ces dernières expressions dont nous nous servirons à l'avenir.

268... Quoique le compas de route serve à déterminer la position de la quille du vaisseau à l'égard de la ligne Nord & Sud de la boussole, & à la maintenir ou à la ramener à cette position par le moyen du gouvernail, lorsqu'elle s'en écarte, il ne fait pas connoître la direction de la route du vaisseau, qui, le plus souvent, est différente de celle de sa quille.

Lorsque le vent n'est pas favorable, on est obligé d'orienter les voiles obliquement. Cette obliquité de voiles force le vaisseau d'aller plus ou moins de côté, selon qu'elles sont orientées plus ou moins obliquement ; de sorte qu'il s'en faut quelquefois de beaucoup qu'il ne suive dans son mouvement la direction de sa quille.

On nomme *dérive*, cet écart ou l'angle que fait la vraie route du vaisseau avec la ligne de sa longueur. Cet angle est plus ou moins grand, & dépend de la direction & de la force du vent, des courans, des marées, de la figure du vaisseau, & de la manière dont il est appareillé. Si l'angle d'incidence que fait le vent avec le vaisseau, est du côté de la proue, la dérive n'est pas considérable ; elle augmente au vent largue; elle est encore plus grande, si l'on court au plus près. Un vaisseau dérive plus avec ses basses voiles qu'avec ses huniers : enfin cet angle de dérive est quelquefois de 20, 25 ou 30 degrés; mais comme le vaisseau, en fendant les eaux de la mer avec force, laisse toujours derrière lui une trace que les Marins appellent *houache*. Il suffit de prendre cette trace pour la vraie route, en supposant du moins que la mer n'ait aucun mouvement propre, & de la relever au compas de variation, afin de savoir l'angle qu'elle fait avec la quille du vaisseau.

269... La connoissance de la dérive est absolument nécessaire pour s'assurer de la route qu'on doit tenir. Par exemple, si l'on doit courir au N O, & que la dérive porte au Nord de 20°., il faut chercher sur la rose le rumb de vent qu'on doit tenir en se détournant à l'Ouest de la même quantité ; c'est-à-dire, qu'il faut s'écarter à gauche, autant que la dérive porte à droite.

Les Marins nomment *stribord*, le côté du navire qui répond à droite en regardant la proue;

& *bas-bord*, le côté qui répond à gauche. D'a-près ces notions, nous établirons les principes suivants.

Manière de corriger les routes de la variation &
de la dérive.

270... Si la dérive est *ſtribord* & la variation N-E, ou ſi la dérive est *bas-bord* & la variation N-O, il faut les ajouter enſemble, parce qu'é-tant du même côté, elles doivent influer ſur la route dans le même ſens ; leur ſomme indiquera alors la correction qu'il faut faire ſur le rumb de vent qu'on doit tenir.

Si au contraire la dérive & la variation ſont de différent côté, l'une à l'Eſt & l'autre à l'Oueſt ; c'eſt-à-dire, l'une à droite & l'autre à gauche, on retranchera la plus petite de la plus grande ; la différence ſera la correction qu'il faut faire à la route, & dans quel ſens elle doit être faite.

E x e m p l e.

La variation étant de 12°. 45′ N-O, & la dérive de 21°. du côté de bas-bord, ſur quel rumb de vent faut-il diriger le cap du navire pour faire route à l'O S-O ?

<pre>
Variation . . . . . N-O . . . . . . 12°. 45′.
Dérive . . . . . . Bas-bord . . . 21
                               ───────────
Somme . . . . 33°. 45′.
</pre>

Puiſque la variation & la dérive ſont toutes

deux à gauche, leur somme indique qu'il faut pointer le cap du navire sur un air de vent éloigné de 33°. 45′, à droite de l'O-S-O ; c'est-à-dire, à l'O⁴N-O.

Autre Exemple.

La variation étant de 18°. N-O, & la dérive de 25°. 30′ stribord, sur quel rumb de vent faut-il se diriger pour faire route au S S-O ?

Variation	N-O	18°.	′	″
Dérive	Stribord	25. 30′		″
Différence	Stribord	7°. 30′.		

La variation & la dérive n'étant pas du même côté, leur différence 7°. 30′ stribord marque qu'il faut porter le cap à gauche du S-S-O ; c'est-à-dire, au S-S-O 7°. 30′ Sud.

Ce que nous avons dit au sujet de la variation pour la correction des routes, a lieu également pour la dérive. Les Marins se contentent ordinairement d'y avoir égard, lorsqu'ils font le calcul de leurs routes : c'est ce que nous aurons occasion d'examiner en détail dans la résolution des problêmes généraux de navigation.

De la figure des aiguilles des Boussoles, de la manière de les aimanter & de les suspendre.

C'est à ces trois chefs principaux que M. *Van-Swinden*, dans son Mémoire déja cité (259), réduit les conditions requiſes pour la perfection des aiguilles des bouſſoles. Il ſeroit difficile de le ſuivre dans tous ces détails qui ſont immenſes : c'eſt dans ſon excellent Mémoire qu'il faut les lire. Nous nous contenterons ici d'appuyer & de fortifier de ſes préceptes le peu que nous avons à dire ſur cet objet.

I.

271 ... Quoique la forme que doit avoir l'aiguille aimantée paroiſſe aſſez indifférente à quelques-uns de ceux qui ſe ſont occupés de cette matière, je crois néanmoins, d'après le ſentiment des meilleurs Phyſiciens ſur cet objet, qu'il eſt bon de lui donner la forme d'un barreau applati, terminé de part & d'autre en feuille de laurier d'environ ſix pouces de longueur & de trois ou quatre lignes de largeur, ſur une demiligne d'épaiſſeur dans toutes ſes parties.

Mais une choſe qui n'eſt pas du tout indifférente, c'eſt que les deux côtés de l'aiguille ſoient parfaitement égaux, que leurs parties homogènes ſoient à égale diſtance du centre de mouvement, & que la lame ſoit faite d'un acier fin & bien trempé. Il en réſulte deux avantages.

Le premier, qu'elle eſt plus propre à recevoir une plus grande quantité de vertu magnétique, & moins en danger de la perdre.

Le ſecond, que ſes poles ayant plus de vertu, & agiſſant à l'aide d'un plus long levier que les autres parties, ils agiſſent par conſéquent avec plus de force ; car, ſuivant les principes de

M. *Van-Swinden*, « les aiguilles s'approchent
» d'autant plus vivement du méridien, qu'elles
» ont plus de force. Or la force qui dirige une ai-
» guille, n'est que la somme des forces qui dirigent
» chaque particule ; donc chaque particule s'y
» dirige avec d'autant plus d'énergie, qu'elle
» a plus de force.... On sait que toutes les par-
» ticules d'un barreau aimanté n'ont pas une
» force égale, mais que cette force croît à me-
» sure que les parties sont plus éloignées du
» centre magnétique, où la force est nulle, &
» qu'elle est à son *maximum* dans les poles. «

I I.

272... L'aimant est une espèce de pierre mi-
nerale, qui a la propriété d'attirer le fer, de lui
communiquer sa vertu, & de se diriger au Nord
quand elle est suspendue librement. Plus cette
pierre est compacte, homogène, & d'un noir
luisant, plus elle renferme de vertu magnétique ; mais cet aimant naturel, quelque bon
qu'il soit, ne vaut jamais un aimant artificiel.
Celui-ci consiste en deux lames ou barreaux
d'acier bien trempés, qu'on a aimantés forte-
ment : c'est le seul dont on se sert aujourd'hui,
comme étant le plus avantageux pour aimanter
les aiguilles des boussoles.

Il y a deux méthodes d'aimanter selon la double touche. La première est du Docteur *Michell* ;
& la seconde, qui est la meilleure, est due à
MM. *Anthaume* & *Œpinus*. Elle consiste principalement à incliner les deux barreaux sur la

lame de l'aiguille que l'on veut aimanter , de manière que le pole *auſtral* du premier barreau ne ſoit tout au plus qu'à une ligne du pole *boréal* du ſecond barreau. C'eſt de celle-ci dont s'eſt ſervi M. *Van-Swinden* , & voici les préceptes qu'il donne dans ſon excellent Mémoire , pour réuſſir daus cette opération délicate.

1°. Il faut prendre des barreaux dont les forces ſoient à très-peu près égales, & qui ſoient plus larges que la lame qu'on veut aimanter ; il faut placer la lame de façon, que l'excès de la largeur du barreau ſoit égale des deux côtés , afin de tâcher de donner des forces égales aux parties homogènes de la lame.

2°. Il faut poſer le milieu de l'intervalle qu'il y a entre les poles des barreaux, exactement ſur le point qu'on a déterminé pour centre magnétique, ou ſur le milieu de la lame.

3°. Aimantez alors la lame en queſtion , ayant ſoin de preſſer par-tout égalemenr, & de mouvoir les barreaux du mouvement le plus uniforme qu'il ſe pourra, en frottant chaque partie de la lame un nombre égal de fois. Ces deux précautions ſervent à rendre les poles égaux.

4°. Il faut frotter la lame un égal nombre de fois des deux côtés, & avec les mêmes précautions. Ce nombre de fois eſt aſſez arbitraire ; je crois même qu'il eſt plus avantageux de frotter la lame d'abord dix fois d'un côté, puis dix fois de l'autre , & alternativement juſqu'au point de ſaturation : afin que la force pénètre également,

&

& que les particules homogènes puissent obtenir des forces égales.

273... Quoiqu'on ait aimanté une aiguille avec toutes les précautions requises, dit M. *Van-Swinden*, il est encore indispensable d'en faire un examen scrupuleux ; il faut sur-tout s'assurer qu'elle n'a que deux poles. Le moyen le plus simple de s'en assurer, c'est de répandre de la limaille sur une glace qui couvre la lame, & de voir combien de centres magnétiques elle indique... On fait la même chose pour constater le centre magnétique de l'aiguille ; on répand de la limaille sur une glace qui la couvre, & le centre commun de toutes les courbes est le centre magnétique.

274... Les altérations fréquentes auxquelles les aiguilles sont sujettes, sur-tout à la mer, les changemens subits & violens qu'elles éprouvent par des accidens extraordinaires, comme le grand froid, les coups de foudre, les aurores boréales, &c. (1), toutes ces circonstances, &

____

(1) Il seroit superflu de rapporter ici tous les faits qui prouvent que les aiguilles aimantées peuvent être altérées par des causes extérieures. Je me contenterai de celui qui suit, tiré de la nouvelle Encyclopédie, t. I de la MARINE.

« Dans les Mémoires de Stockolm, traduits par M. » *de Keralio*, chevalier de Saint-Louis, alors Capitaine » Aide-Major à l'Ecole-Militaire, on lit, page 190, » qu'une boussole, couverte d'un verre à l'ordinaire, » ayant été exposée au soleil pendant quelque tems, » on s'apperçut que la direction de l'aiguille étoit dé-

M

autres qu'on ne sauroit prévoir, sont autant de motifs assez puissants pour engager les Marins à se munir, dans un voyage de long cours, de deux paires de barreaux magnétiques, afin d'être en état de retoucher les aiguilles des boussoles, & de pouvoir se servir d'un de ces aimans pour renouveller réciproquement la vertu magnétique des autres, s'ils venoient à perdre de leur force.

I I I.

275..: Les Physiciens ont employé jusqu'ici deux méthodes pour la suspension des aiguilles; la première, c'est de percer l'aiguille même d'un trou propre à recevoir la chappe. Cette méthode, dit M. *Van-Swinden*, est presque universellement adoptée : elle est cependant très-mauvaise ; car premièrement le trou dont on la perce, rend la force des parties irrégulière, & même peut produire plusieurs poles, ce qui est très-défavantageux (1). Secondement il n'est pas

---

» rangée de plusieurs degrés. Ayant soupçonné que l'é-
» lectricité communiquée au verre par les rayons du
» soleil, étoit cause de ce dérangement, on passa légè-
» rement le doigt sur ce verre, & l'on vit l'aiguille suivre
» le doigt«. On pourroit citer, à l'appui de ceci, le nouvelles expériences que M. *Coucy Des-Essarts* a faites sur le même objet ; mais ce seroit passer les bornes que nous nous sommes prescrites.

Les Navigateurs doivent donc bien prendre garde que dans les observations qu'ils font à bord ou à terre, leurs boussoles ne soient exposées aux rayons du soleil.

(1) Les expériences de M. *Coulomb*, & celles de M.

poſſible , ou du moins il eſt très-difficile de faire coïncider le centre de mouvement avec le centre de gravité.

La ſeconde méthode conſiſte à ne pas percer l'aiguille. MM. *Knignht* , *Leiher* , *Kotelnikow* & *Anthaume* , en ont fait uſage, ainſi que M. *Lous* dans ſes aiguilles compoſées. M. *Knignht* applique la chappe ſous la roſe, & l'aiguille au-deſſus. M. *Anthaume* recommande de la couder en arc de cercle , & de terminer l'arc par un morceau de cuivre ou d'argent , afin de former un vide où l'on puiſſe placer une chappe qui doit porter le pivot.

La perfection de la ſuſpenſion conſiſte , ſelon M. *Van-Swinden* ,

1°. A faire coïncider le centre de mouvement avec le centre magnétique , avec une telle préci-ſion , que l'erreur , s'il y en a, ne monte tout au plus qu'à $\frac{1}{8}$e de ligne.

2°. A diminuer le frottement autant qu'il eſt poſſible : ce dernier article regarde ſur-tout le ſtyle & la chappe.

On ſait qu'anciennement le ſtyle étoit de cuivre. Cette pratique eſt encore en uſage ſur nos vaiſſeaux ; il eſt cependant aiſé, de ſentir qu'il en doit réſulter un frottement très-conſidé-rable , & que le poids des lames dont il convient de faire les aiguilles des bouſſoles à l'uſage de la

---

Blondeau , ont prouvé qu'alors le magnétiſme de l'aiguille n'eſt nullement altéré par cette ouverture. (*Voy.* la nou-velle Encyclop. t. I. de la *Marine.*)

navigation, doit émouffer promptement la pointe de ces ftyles. Auffi tous les Phyficiens les rejettent-ils actuellement avec raifon.

M. *Michell* préfère les ftyles d'argent ou d'or, qu'on a foin de rendre très-durs par beaucoup d'alliage. Ces métaux ne font pas fujets à la rouille, & femblent fournir une matière très-propre, à tous égards, à faire des ftyles.

Pour les chappes, MM. *Michell* & *Lemonier* donnent la préférence au verre fur l'agathe, parce que le verre eft plus dur, & admet un poli parfait.

Du Sillage du vaiffeau, & de la manière de le mefurer.

276... On a imaginé de tout tems divers moyens de mefurer le *fillage*, c'eft-à-dire, la vîteffe de la marche d'un vaiffeau, afin de fuppléer par-là à la connoiffance des longitudes; car on conçoit que fi l'on réduit en degrés la diftance parcourue, connoiffant d'ailleurs la direction de la route, on pourra conclure à-peu-près la longitude du vaiffeau, fur-tout s'il a couru directement à l'Eft ou à l'Oueft. Il étoit donc important de favoir mefurer fon fillage, & c'eft à quoi on s'eft attaché particulièrement dès les premiers progrès de la navigation; mais comme tous les moyens qu'on a mis jufqu'ici en ufage, fuppofent néceffairement un point fixe & prefque impoffible à obtenir fur la furface de la mer, d'où l'on puiſſe compter l'eſpace parcouru, il ſuit donc que la meſure du ſillage n'eſt qu'une eſtime vague & peu exacte de la marche d'un vaiſſeau. Cette eſtime, toute groſſiere qu'elle eſt, dépend encore dé la force du vent, du nombre des voiles, & de la manière dont elles ſont orientées: tout cela demande beaucoup de diſcernement & d'expérience ; d'ailleurs les vaiſſeaux ne vont pas tous avec la même vîteſſe ; la différence dans la forme de leur conſtruction & dans la manière dont ils ſont appareillés & arrimés, fait que les uns ſont meilleurs voiliers que les autres, & que tel qui va très-bien vent-arrière, ne ſauroit aller à la bouline. Toutes ces circonſtances, & beaucoup d'autres que la pratique ſeule peut faire connoître, prouvent combien il eſt difficile d'eſtimer le ſillage d'un vaiſſeau.

Il y a des pilotes qui, pour connoître le ſillage du navire, ſe contentent de laiſſer tomber de la proue, & du côté oppoſé au vent, un petit morceau de bois, & de marquer le nombre de ſecondes de tems qu'il met à paſſer de l'avant à l'arrière. D'autres, pour faire la même eſtime, comptent le nombre de ſecondes que l'écume de la mer emploie à parcourir la longueur du navire. Les uns & les autres, connoiſſant la durée de l'expérience & la longueur du vaiſſeau, déterminent le chemin qu'il fait par heure, en cherchant le quatrième terme de cette proportion.

M iij

FIG.

$\left\{\begin{array}{l}\textit{Le nombre de secondes que le morceau de bois,} \\ \textit{ou l'écume de la mer, met à parcourir la lon-} \\ \textit{gueur du vaisseau,} \\ \textit{Est au nombre des pieds de sa longueur,} \\ \textit{Comme 3600''. qu'il y a dans une heure,} \\ \textit{Est au nombre des pieds parcourus par le navire} \\ \textit{dans l'espace d'une heure.}\end{array}\right.$

Ces différens moyens, & beaucoup d'autres de cette espèce, ne sont fondés que sur une longue experience, & reviennent tous à celui du *lock*, dont on se sert le plus ordinairement, & dont nous allons donner une description détaillée.

73

277... Le *lock*, ou *bateau de lock*, est un morceau de bois auquel on donne pour l'ordinaire la figure d'un triangle isoscelle, ou d'un cône de sept à huit pouces de hauteur, comme on peut le voir par la *fig.* 73e. Sa base AB, qui est plus petite que les deux autres côtés, regarde le fond de la mer ; elle est chargée d'un peu de plomb, tant pour faciliter au lock le moyen de prendre une position verticale, que pour le faire plonger jusqu'à sa pointe, afin d'ôter toute prise au vent. C'est à cette pointe qu'est attachée une longue ficelle, divisée en parties égales par des nœuds. A peu de distance du lock, comme en D, il part un autre bout de ficelle, qui sert à maintenir l'instrument dans sa position verticale, & qui peut s'en séparer aisément, lorsqu'on le retire à foi , parce qu'elle n'y tient qu'à l'aide d'une cheville qui fe détache au moindre effort.

Pour faire ufage du lock , on le jette à la mer par la poupe du côté oppofé au vent , & on lâche la ficelle à mefure que le vaiffeau fait route. La longueur de la ficelle fait juger de la diftance parcourue. Cette expérience ne dure ordinairement qu'une demi minute ou 30″ de tems, qu'on détermine d'une manière précife , à l'aide d'un fablier qui eft exactement de la même durée; mais il faut qu'un pilote ait foin de le vérifier avant de partir , parce que le fable , en coulant, ufe le trou qui eft entre les deux empoulettes., & l'aggrandit infenfiblement. Cette vérification, qu'on doit répéter de tems en tems , afin de n'être pas induit en erreur, peut fe faire dans les relâches de la manière fuivante.

278 … Sufpendez une balle de plomb de trois ou quatre lignes de diamètre, à l'extrémité d'un fil de pite , de foie plate , ou même d'un fil tors, que vous cirerez , pour l'empêcher de fe détordre & par conféquent de s'allonger ; faites paffer l'autre bout du fil par une fente pratiquée dans quelque corps folide & fixe; mefurez enfuite exactement, entre le point de fufpenfion & le centre de la balle , 36 pouces 8 lignes $\frac{1}{2}$ de longueur (1) ; faites-la balancer légèrement , en ne lui faifant parcourir d'abord

---

(1) Cette longueur du pendule eft celle qui convient

que des arcs de trois ou quatre pouces, chacune de ſes vibrations ſimples ſera exactement d'une ſeconde de tems. Ainſi en comparant la durée du ſablier avec trente vibrations ſimples de ce pendule, on verra s'il dure exactement une demi-minute, ou de combien il en diffère. Si l'on vouloit que chaque vibration ne fût que d'une demi-ſeconde, on ne donneroit au fil que le $\frac{1}{4}$ de ſa longueur, c'eſt-à-dire, 9 p. 2 lig. $\frac{1}{8}$.

279... Il faut obſerver que puiſqu'on veut que le lock reſte immobile ſur la ſurface de la mer, on ne commence pas à compter les 30″ que dure l'expérience, du moment qu'on le jette à la mer : on attend qu'il ſoit éloigné de la pouppe d'une quantité égale à la longueur du

---

au parallèle de Paris ; mais quand la latitude diffère de beaucoup en plus ou en moins, il faut augmenter ou diminuer ſa longueur. La diminution, par exemple, doit être d'autant plus grande, que le lieu où l'on ſe trouve, eſt plus près de l'équateur, parce qu'en vertu du mouvement diurne de la Terre, la force centrifuge augmentant des poles à l'équateur, doit néceſſairement diminuer dans le même rapport la peſanteur de tous les corps à la ſurface de la Terre, & par conſéquent la longueur du pendule.

Voici les longueurs du pendule obſervées par les Académiciens, qui ont travaillé à la figure de la Terre.

Long. du pend. :
- de 36 p. 7 l. 07... ſous l'équateur ....
- de 36. 7, 16... à Porto-Belo .... 9°. 34'. lat. N.
- de 36. 7, 33....à l'I. St.-Domingue..,. 18. 27. lat. N.
- de 36. 8, 07... au C. de Bonne-Eſpér. 33. 35. lat. S.
- de 36. 9, 17... à Pello, vil. Finois..... 66. 48. lat. N.
- de 36. 8, 71... à Leyde, p. M. *Lulofs*, 52. 9. lat. N.

navire, & tout-à-fait hors de cette eau extrême-ment agitée, qu'on nomme le *remoux*. Il y a une marque sur la ficelle pour déterminer cette lon-gueur, & c'est lorsqu'on y parvient, que celui qui le jette avertit par le mot *vire*, de tourner le sablier ; & celui-ci, par le mot *stop*, donne au premier le signal d'arrêter le lock, lorsque le sablier finit. Pendant l'expérience, il est essen-tiel que le pilote ne perde point de vue le bateau de lock, afin de lâcher à propos la ficelle, de manière qu'elle soit tendue sans l'être trop.

La ficelle est divisée en parties égales par des nœuds, afin qu'on puisse les compter la nuit comme le jour. Leur grandeur ou leur distance a un rapport déterminé avec la lieue marine ; elle en est la 360e. partie, ou bien la 120e. partie d'un tiers de lieue ; en sorte que la lieue marine étant de 2851 toises $\frac{1}{2}$ $=$ 17109 pieds, si l'on en prend la 360e. partie, on aura 47 pieds $\frac{1}{2}$ pour la distance de chaque nœud. Or comme l'expérience dure une demi-minute, & que dans une heure il y a 120 demi-minutes, durant lesquelles le vaisseau, allant toujours avec la même vîtesse, doit faire 120 fois au-tant de chemin, il s'ensuit donc que pour cha-que nœud qui aura été filé durant l'expérience, le navire doit faire 120 fois autant de che-min par heure ; c'est-à-dire, un tiers de lieue marine.

280... Ce résultat seroit exact, si le lock restoit à la surface de la mer aussi immobile qu'on est obligé de le supposer ; mais soit que la ligne du lock souffre quelque frottement, malgré les précautions que l'on prend pour la développer avec la main , foit que le mouvement de l'eau, qui eft très-fenfible près du navire , tende à rapprocher du bord la partie de la ligne qui en eft la plus voifine , foit enfin pour toute autre cauſe qu'on ne fauroit bien démêler , la plupart des Marins conviennent qu'en laiſſant 47 p. $\frac{1}{2}$ entre les nœuds , ils trouvent prefque toujours trop peu de chemin. Les expériences qui ont été faites par ordre du Gouvernement (1) fur un objet auſſi important , ont confirmé ce qui avoit été déja reconnu, & ont fait voir en même tems qu'il ne falloit mettre que 45 pieds entre les nœuds. Cette correction doit être admife aujourd'hui par tous les Marins qui fe piquent d'exactitude dans la pratique de leur art.

281 ... Comme la ficelle ou ligne de lock eſt fujette à fe raccourcir & à s'allonger par l'humidité & la féchereſſe , il faut qu'un pilote attentif ait foin de la vérifier de tems en tems , afin d'en tenir compte lorfqu'il apperçoit quelque changement ; fi , par exemple , elle s'étoit allongée de $\frac{1}{30}$, il faudroit diminuer de la même quantité le nombre des nœuds qu'on auroit filés pendant l'expérience , parce qu'autrement on eſtimeroit le chemin parcouru de $\frac{1}{30}$ plus grand qu'il n'eſt réellement.

282 ... Pareillement , fi en vérifiant le fablier de la manière indiquée ci-deſſus , on trouvoit que fa durée eſt plus longue de 3″ qu'elle ne

---

(1) Par MM. le Chev. *de Borda*, *Verdun* & *Pingré* , fur la frégate *la Flore*.

doit être, il eſt évident qu'alors on fileroit plus de nœuds à chaque expérience, puiſqu'elle dureroit 3″ de plus. Je ſuppoſe qu'en ſe ſervant d'un ſablier affecté de cette erreur, on ait filé onze nœuds, pour ſavoir combien on en auroit filés pendant 30″, on chercheroit le quatrième terme de cette proportion,

$$33'' : 30'' \; 11 : x = 10$$

c'eſt à-dire, que ſi le ſablier avoit duré exactement 30″, on auroit filé dix nœuds au lieu de onze.

On voit donc que les erreurs, quelque petites qu'elles ſoient, ſont ici d'autant moins à négliger, que la durée de l'expérience eſt par elle-même très-courte, & que la diſtance des nœuds eſt infiniment petite par rapport à la longueur de la lieue marine ; de ſorte que la plus pétite erreur doit néceſſairement tirer à conſéquence.

« Avec ces ſoins, dit M. *Bézout*, & en ob-
» ſervant de répéter l'expérience auſſi ſouvent
» que le vaiſſeau paroîtra changer de vîteſſe,
» on pourroit faire une eſtime du ſillage ſuffi-
» ſamment exacte, ſi le bateau de lock pouvoit
» être regardé comme fixe ; mais il n'en eſt pas
» ainſi pour pluſieurs cauſes, dont les effets ſont
» fort variables & peu connus. La mer eſt ſu-
» jette à des mouvements particuliers, dont la
» direction & la vîteſſe n'ont rien de conſtant.
» Les courants qui naiſſent de ces mouvements,
» donnent au navire une vîteſſe que le lock ne
» fait pas découvrir, puiſqu'il la reçoit auſſi ;

» en sorte qu'il ne fait connoître que le mouve-
» ment du vaisseau par rapport à la mer , & non
» le mouvement à l'égard de la terre, qu'il im-
» porte véritablement de connoître.

» Il y a quelques courants dont la direction ,
» ainsi que la vîtesse , sont assez bien connus.
» On sait , par exemple , qu'à l'équateur , & à
» quelque distance de part & d'autre , la mer se
» meut vers l'Occident , & forme un courant
» perpétuel , dont la vîtesse est d'environ trois
» lieues par jour. Mais il en est une infinité
» d'autres qui , ne tenant pas à des causes aussi
» générales & aussi régulières , laisseront tou-
» jours beaucoup d'incertitude sur le sillage.
» Tels sont , par exemple, les mouvements que
» la mer peut prendre lorsque le vent a soufflé
» pendant un certain tems vers un même côté.
» On ne peut douter que sa surface & les parties
» voisines ne prennent une certaine partie de la
» vîtesse du vent ; mais quelle est cette partie ?
» Combien ne peut-elle pas varier dans le voi-
» sinage des terres par la position des côtes ?
» Comment reconnoître si elle n'est pas jointe à
» quelques autres mouvements occasionnés par le
» vent qui a régné auparavant, ou par toute
» autre cause , &c. ? Sur ce point l'expérience
» doit être beaucoup consultée, & peut-être sera-
» t-elle toujours le seul guide «.

283... Le sillomètre , nouvellement inventé
par M. *de Gaulle* , vient heureusement de mettre
fin à ces incertitudes. L'inventeur , en perfec-
tionnant les moyens employés par M. *Bouguer*

FIG.

pour suppléer à l'insuffisance du lock , a été encore plus loin ; il a trouvé celui de déterminer avec son nouvel instrument , non-seulement la marche du navire , mais encore sa dérive ; avantages précieux que n'avoient aucuns des instruments qui avoient été proposés en différens tems pour le même objet. Les expériences qu'on a faites du sillomètre , par ordre du Gouvernement & l'approbation de l'Académie des Sciences , ne laissent aucun doute sur le succès de cette invention , dont l'usage est tout-à-la-fois commode & à la portée de tous les navigateurs.

Principes fondamentaux de la réduction des Routes.

284... Puisque la figure de la Terre est sphérique , ou à très-peu-près sphérique , il est évident que les rumbs de vent ne peuvent être représentés que par des lignes courbes , soit parce qu'ils sont tracés sur une surface courbe , soit parce qu'ils font constamment le même angle avec tous les méridiens qu'ils rencontrent sur la surface du globe. La ligne courbe ou spirale RTZX , par laquelle on les représente , s'appelle *loxodromie.* Un vaisseau qui suivroit constamment le même rumb de vent , décriroit sur mer une pareille courbe , & s'approcheroit de plus en plus du pole , sans pouvoir y arriver , excepté dans le cas où il cingleroit directement au Nord ou au Sud.

74

285... Si en partant du point R , par exemple ,

FIG. il fuivoit une route oblique, comme celle du
N-E, qui fait un angle de 45°. avec le méridien du départ AP, étant arrivé fur le méridien
CP, l'aiguille de la bouffole ne prendroit pas
une direction parallèle à celle qu'elle avoit au
point R; elle fe détourneroit un peu en (r) pour
faire un angle de 45°. avec ce nouveau méridien. La même chofe auroit lieu fur tous les
autres méridiens DP, EP, FP, &c. de la route.
En un mot, puifque la vertu de l'aimant eft de
fe diriger au Nord, l'aiguille aimantée fuivroit
le fens des méridiens qui vont tous fe réunir aux
poles; de forte qu'à mefure que le vaiffeau avan-
ceroit dans la même direction, le rumb de vent
fe détournant infiniment peu à chaque pas, la
trace de fa route fur la furface de la mer feroit
la ligne courbe RTZ, qui fait une infinité de
détours en s'approchant continuellement du
pole.

74

286... Ce que nous venons de dire, n'eft
pas plus particulier au N-E, qu'à tout autre rumb
de vent qui fait un angle oblique avec le méridien. On voit par-là qu'un navire qui cingleroit
directement à l'Eft ou à l'Oueft, décriroit néceffairement l'équateur ou un parallèle à l'é-
quateur, parce que la direction de fa route étant
perpendiculaire à chaque méridien, il fe trouveroit à chaque pas à la même diftance des poles;
mais pour peu qu'il fe détournât à droite ou à
gauche de cette direction, il décriroit une courbe
loxodromique.

287... Examinons maintenant les propriétés

de cette courbe, qui servent de fondement à la
réduction des routes.

Supposons que RT soit le rumb de vent qu'on
a suivi pendant un certain tems, que P soit le
pole Nord, AG un arc de l'équateur, il est clair
que RT représentant la route du navire, si du
pole comme centre on décrit les arcs ST, RO,
parallèles à l'équateur, RS exprimera la différence en latitude; c'est-à-dire, la quantité dont
on a avancé au Nord, depuis le point du départ R,
jusqu'au point d'arrivée T ; & ST, qui représente la différence en longitude, aura pour mesure l'arc AG de l'équateur ; c'est-à-dire, la
quantité dont on a avancé en même tems vers
l'Est ou vers l'Ouest. La figure RST, qui représente les élémens de cette route, est à la vérité
un triangle sphérique, parce qu'il est tracé sur
la surface convexe de la mer ; mais si l'on
conçoit que la courbe RT, qui marque la longueur de la route, est divisée en parties très-
petites & égales entr'elles, chaque petit triangle,
tel que (*rst*) rectangle en (*s*), pouvant être
regardé comme rectiligne, chaque côté (*rs*) sera
la différence en latitude de cette portion de la
route ; & chaque côté (*st*) représentant la différence en longitude, aura pour mesure l'arc cor-
respondant de l'équateur, parce que c'est sur
l'équateur qu'on mesure le chemin fait sur la
ligne Est & Ouest. Toutes les parties telles que
(*rt*) étant égales entr'elles, tous les petits triangles rectilignes qu'on peut imaginer, construits
sur la ligne RT, seront aussi égaux entr'eux ;

FIG. parce qu'outre l'hypotheneuse & l'angle droit, qui font les mêmes pour chacun, ils auront de plus le même angle du rumb de vent : donc le troifième fera nécelfairement égal.

288... Cela pofé, puifque la longueur de la route RT eft égale à la fomme de toutes les hypotheneufes (*rt*), & que RS eft égal à la fomme de tous les petits côtés (*rs*), à caufe des rapports égaux formés des parties de RT & des parties correfpondantes de RS, on aura cette proportion :

$$\left\{\begin{array}{l}\textit{La fomme de tous les antécédents } RT\\ \textit{eft à la fomme des conféquents } RS,\\ \textit{comme un antécédent } rt\\ \textit{eft à fon conféquent } rs.\end{array}\right.$$

75   289... Donc fi l'on conftruit un triangle rectiligne ABC rectangle en B, dont l'angle A foit égal à l'angle du rumb de vent SRT, & l'hypotheneufe AC égale à la longueur de la route RT, ce triangle rectiligne fera en tout femblable au petit triangle loxodromique (*rst*), & l'on aura :

$$AC : AB :: rt : rs ; \text{ ou} :: RT : RS.$$

On voit donc que, quoique les élémens de cette route foient des lignes courbes, on peut néanmoins les repréfenter par des lignes droites, & déterminer, par une fimple opération graphique, de combien on a avancé au Nord.

290... En employant le calcul trigonométrique, on obtiendra toujours un réfultat plus
exact

exact & plus prompt ; c'est pourquoi il doit être
préféré aux méthodes graphiques. Dans cet exemple, connoissant l'hypotheneuse , l'angle droit &
celui du rumb de vent qu'on a suivi pour trouver la différence en latitude , on cherchera le
quatrième terme de cette proportion :

Le rayon
est au co-sinus du rumb de vent ,
comme l'hypotheneuse ou la longueur de la
route
est au nombre de lieues de la différence en la-
titude.

Ce nombre de lieues , réduit en degrés &
parties de degré , donnera la grandeur de l'arc
du méridien , qui exprime la différence en latitude.

291... Quant à la différence en longitude , 74
elle ne peut pas se conclure aussi immédiatement de l'estime du chemin fait à l'Est ou à
l'Ouest , parce que, la route RT étant oblique ,
la longueur de ce chemin dépend de la grandeur variable de différents parallèles sur lesquels
on a couru succcessivement depuis le point du
départ, jusqu'au point d'arrivée. Ainsi, quoique
le côté BC du triangle ABC représente la somme
de toutes les parties (*st*) de la différence en longitude, on se tromperoit si, ayant vu que le
côté AB est égal à RS , on en concluoit que BC
est aussi égal à ST ou à RO. Il est visible que
BC doit être plus grand que ST , & plus petit

FIG.
74

que RO , puifque (*st*) eft lui-même plus grand que HI , & plus petit que LK. Pour parvenir à réfoudre cette difficulté , envifageons tout autrement la queftion.

292... Si l'on confidere deux routes obliques comprifes entre les mêmes parallèles , on s'appercevra aifément que les différences en longitude qui leur conviennent , font entr'elles, comme les tangentes des angles du rumb de vent; de forte que fi la direction de l'une de ces routes, fait un angle de 45°. avec le méridien du départ, & celle de l'autre un angle de 33°., la différence en longitude de la première fera à la différence en longitude de la feconde , comme la tangente de 45°. eft à la tangente de 33°. Ce rapport eft conftant , quelque foit l'obliquité de ces routes. Quand même on réduiroit leur différence en longitude fur le parallèle qui paffe à égale diftance de part & d'autre , cette réduction ne changeroit rien à ce rapport , puifque ce moyen parallèle feroit le même pour chacune de ces routes.

293... Donc , fi l'on calculoit la différence en longitude qui convient à l'obliquité d'une route , comme à celle du N-E , ou de 45°., pour toutes les minutes du quart de cercle du méridien , & qu'on difposât tous ces nombres en colonne , on pourroit , à l'aide de cette table, connoître la différence en longitude qui convient à toute autre route , en cherchant le quatrième terme de cette proportion.

FIG.

> La tangente du N-E ou de 45°. = au rayon,
> est à la tangente de tout autre rumb de vent,
> comme la différence en longitude qui répond au
>   N-E dans la table,
> est à la différence en longitude qui convient à la
>   route calculée.

294... Pour construire cette table, il suffiroit 74 seulement de supposer, comme nous l'avons fait, que la loxodromie RT, qui représente la route du N-E, est divisée en parties égales, correspondantes à chaque minute de différence en latitude. Alors tous les petits triangles loxo-dromiques (rst) seront parfaitement égaux; mais à mesure qu'on avancera vers le pole, les parties AB, BC, CD, &c. de l'équateur, qui marquent les petites différences en longitude corres-pondantes aux côtés (st), augmenteront d'autant, que le rayon de l'équateur sera plus grand que le co-sinus de la latitude, ou d'autant que la secante de la latitude sera plus grande que le rayon de l'équateur (254). Donc, en supposant (st) d'une minute, pour avoir la différence en longitude correspondante, on calculeroit le qua-trième terme de cette proportion :

> Le rayon
> est à une minute d'un parallèle quelconque,
> comme la secante de la latitude de ce parallèle,
> est au petit arc de l'équateur, qui exprime la diffé-
>   rence en longitude correspondante.

295... Donc, si l'on prend successivement

toutes les fecantes naturelles de minute en minute, & qu'on les divife par le rayon, on aura
les différences en longitude exprimées en minutes pour le N-E. C'eft en effet de cette manière
qu'on a calculé la table des latitudes croiffantes,
dont nous avons déja parlé à l'article (256)
des Cartes réduites. Cette table a donc deux avantages ; celui d'exprimer par les mêmes nombres
l'étendue qu'on doit donner aux degrés du méridien dans les Cartes réduites, & les différences
en longitude pour le N-E.

296... Lors donc qu'on voudra s'en fervir
pour trouver la différence en longitude qui convient à une autre route, dont l'obliquité eft
plus ou moins de 45°., on prendra la différence
ou la fomme des minutes correfpondantes à la
latitude de départ & d'arrivée de cette route,
felon que les deux latitudes feront de même ou
de différente dénomination, & on aura ainfi la
différence en longitude pour la route du N-E,
qui conduiroit du point du départ au point d'arrivée ; enfuite pour avoir la différence en longitude qui convient à la route que l'on calcule, il
n'y aura qu'à faire la proportion ci-deffus (293).

Soit propofé, par exemple, de trouver la
différence en longitude qui convient à la route
N-N-O, comprife entre 40°. 20′ & 48°. 30′ de
latit. Nord.

Dans la table des latitudes croiffantes, on
trouve, à côté de ces deux latitudes, 2649′ &
3337′, dont la différence 688′, puifque ces

deux latitudes font de même dénomination , FIG.
exprime la différence en longitude pour le N-E.
Enfuite pour avoir celle qui convient au N-N-O,
qui fait avec le méridien un angle de 22°. 30′,
on cherchera le quatrième terme de cette proportion :

$$R : tang. \; 22°. \; 30′ : : 688′ : 285′,$$

qui eft la différence en longitude pour le N-N-O.　75

On pourra donc déterminer la différence en
longitude de la route d'un navire, par le moyen
d'un triangle rectiligne rectangle, tels que ABC,
dont l'angle A foit égal à l'angle du rumb de
vent qu'on a fuivi, & dont le côté AB foit égal
à la différence ou à la fomme des latitudes croiffantes d'arrivée & de départ; alors le troifième
côté BC exprimera la différence en longitude.

TROISIEME SECTION.

*De la manière de réfoudre différens Problêmes de
navigation fur les Cartes réduites.*

297... Quoique la plupart des opérations
qu'on peut faire fur les Cartes marines foient
communes aux plates & aux réduites, nous nous
attacherons uniquement à enfeigner la manière
de pointer celles-ci , parce que , vu le principe
de leur conftruction , ce font les feules dont on
puiffe attendre quelque exactitude dans ces fortes
d'opérations.

P R O B L Ê M E. I.

298... *Trouver la latitude & la longitude d'un lieu situé sur la Carte.*

1°. Menez, par le lieu proposé, une parallèle à la ligne Est & Ouest, jusqu'à la rencontre des deux méridiens gradués, qui sont à droite & à gauche de la Carte ; cette parallèle marquera sur les divisions du méridien la latitude du lieu proposé.

2°. Pour avoir sa longitude, menez, par le lieu proposé, une parallèle à la ligne Nord & Sud, jusqu'à la rencontre des lignes graduées, qui sont en haut & au bas de la Carte, lesquelles représentent l'équateur ou des parallèles à l'équateur, & qu'on nomme pour cette raison *échelles de longitude.* Cette ligne parallèle marquera sur cette échelle la longitude du lieu proposé.

E X E M P L E S.

Lat. {
de l'I. d'Ouessant *au fanal* est de 48°. 28′ ... 0″ N
du Cap de la Hague .... 49. 44 ... 0   N
du port de Cherbourg ...... 49. 38 ... 0   N
du port Mahon, *fort S. Philip.* 39. 50 ... 0   N

Long. {
de l'I. de Jersey, *cl. S. Laurent* .. 4°. 31′ .. 0″ O
du port de Cherbourg .... 3. 58 ... 0   O
du Cap Lézard .... 7. 32 ... 0   O
du.Cap Finistere .... 11. 38 ... 0   O

P R O B L Ê M E I I.

299... *Connoissant en mer la latitude & la longitude d'un lieu, trouver ce lieu sur la Carte.*

Ce problême n'étant que l'inverse du précédent, il est clair que si, par les points du méridien qui marquent la latitude de ce lieu, on mène une parallèle à la ligne Est & Ouest, & que par les divisions de l'équateur correspondantes à sa longitude, on mène une parallèle à la ligne Nord & Sud, l'intersection de ces deux lignes sera la position de ce lieu sur la Carte.

300... Mais comme il importe de ménager la Carte, afin d'en prolonger le service autant qu'il est possible, au lieu d'y tracer des lignes, on pourra se servir, pour le même usage, de deux fils un peu plus longs que l'étendue de la Carte, qu'on tendra suffisamment à l'aide d'un petit plomb attaché aux deux extrémités.

Lorsqu'il s'agira de construire sur la Carte réduite un triangle rectangle pour représenter les élémens de la route d'un navire, on disposera ces fils perpendiculairement l'un à l'autre, suivant la latitude & la longitude indiquées, ce qui formera les deux côtés de l'angle droit, aux extrémités desquels appliquant une règle, on aura l'hypotheneuse, & par conséquent la longueur de la route avec le rumb de vent qu'on a suivi.

Ainsi, à la place des parallèles à la ligne Nord & Sud, & à la ligne Est & Ouest, qu'on prescrira de tracer dans les détails de ces opérations, on substituera, pour plus de commodité dans la pratique, des fils tendus suivant la direction de ces mêmes lignes. Cette manière de pointer nous a paru plus exacte & plus facile que celle qui se pratique ordinairement en se servant de deux compas.

P r o b l ê m e III.

301 … *Trouver à quel rumb de vent deux lieux sont situés ; c'est-à dire , quelle est la direction de la route qui conduit de l'un à l'autre.*

Ayant porté une règle sur la ligne qui va de l'un à l'autre de ces lieux , on remarquera à quel rumb de vent de la rose la plus voisine cette règle se trouve parallèle , ce qu'on découvrira aisément à l'œil : c'est à cet air de vent que sont situés les deux lieux proposés. Si ce rumb de vent n'est pas marqué sur la Carte , on estimera à-peu-près de combien il s'en faut qu'il ne soit parallèle à la ligne de la rose qui en approche le plus ; la précision est suffisante , lorsque l'estime ne passe pas un demi-degré. Si l'on veut avoir ce rumb de vent avec plus de précision, on prendra , avec un grand rapporteur de corne placé au centre de la rose , l'angle formé par la ligne qui marque la direction des deux lieux ; & par celle du rumb de vent , le plus voisin du côté du Nord ou du côté du Sud. La valeur de cet angle , ajoutée au rumb de vent le plus voisin , sera le rumb de vent cherché.

E x e m p l e s.

Le cap Lézard est situé au $N\frac{1}{4}N\text{-}O$ 3°. Nord par rapport à l'île d'Ouessant , & la position de l'île d'Oueſſant eſt par conféquent au S$\frac{1}{4}$S-E 3°. Sud par rapport au cap Lézard.

La pointe méridionale de l'île de Wight eſt au N N-E 1°. Eſt du cap de la Hague.

D'Oueſſant au cap Finiſtere , la route eſt S-O$\frac{1}{4}$S.

De la pointe orientale de Belle-Ile à la tour de Cordouan , la direction de la route eſt S E$\frac{1}{4}$S.

PROBLÊME, IV.

302... *Trouver ſur la Carte la diſtance qu'il y a d un lieu à un autre.*

Il faut prendre pour échelle de 20 lieues marines la grandeur du degré du méridien qui ſe trouve au milieu , entre la latitude des deux lieux propoſés , porter la grandeur de ce degré moyen ſur la droite qui marque la diſtance de ces lieux ſur la Carte , autant de fois que cette grandeur y eſt contenue ; réduire en lieues ce nombre de degrés , & on aura la diſtance demandée.

C'eſt ainſi qu'on a trouvé que

La diſt. $\begin{cases} \text{de Cherbourg à Porſtmouth eſt de 24 l.} \frac{1}{2} \\ \text{de l'I. d'Oueſſant à Douvres ....95} \\ \text{de Marſeille au port Mahon ....70} \end{cases}$

303... Mais lorſqu'il s'agira de deux lieux très-éloignés l'un de l'autre , pour avoir leur diſtance avec plus de préciſion , on tracera ſur la Carte un triangle rectangle , dont l'hypothe-

FIG. neufe foit la ligne droite qui joint ces deux lieux, & dont les deux autres côtés foient deux perpendiculaires ; l'une parallèle à la ligne N & S, exprimant la différence en latitude de ces lieux ; & l'autre, parallèle à la ligne E & O, exprimant leur différence en longitude. Ce triangle étant conftruit, voici de quelle manière on déterminera la diftance vraie de ces deux lieux.

P R O B L Ê M E V.

76   *Soit propofé pour exemple de trouver la diftance entre la tour de Cordouan, dont la latitude eft de 45°. 35′ N, & la longitude de 3°. 30′ O ; & la pointe S-E de l'île Saint-Michel, une des Açores, dont la latitude eft de 37°. 39′ N, & la longitude de 27°. 28′ O.*

Après avoir conftruit fur la Carte le triangle rectangle ABC, dont le point A repréfente ici la tour de *Cordouan*, le point C l'île *Saint-Michel*, le côté AB leur différence en latitude, qui eft de 7°. 56′, & BC leur différence en longitude, on mefurera les 7°. 56′ fur l'échelle des longitudes ; & prenant leur grandeur marquée fur cette échelle, on la portera fur la droite AB ; du point I où elle fe termine, on menera une parallèle à la bafe du triangle, laquelle coupera l'hypotheneufe en un point quelconque H. Alors portant la grandeur AH fur l'échelle des longitudes, on trouvera qu'elle répond à 19°. 34′, qui donnent 391 lieues ½ pour la diftance vraie entre la tour de Cordouan & l'île Saint-Michel.

304... Pour fentir la raifon de cette opéra-tion, il faut fe rappeller qu'en vertu du principe qui donne lieu à la conftruction des Cartes ré-duites, la diftance refpective de tous les lieux, ainfi que la grandeur des degrés du méridien, doivent y croître progreffivement depuis l'équa-teur, jufqu'aux poles. Donc fi l'on dépouille de cette augmentation le nombre des degrés du méridien qui expriment la différence en latitude des deux lieux, eu les ramenant à ceux de l'é-quateur ; c'eft-à-dire, à leur valeur primitive, l'hypotheneufe AC, réduite par cette opération à la grandeur AH, exprimera la diftance réelle demandée.

De forte que BI, dans cet exemple, eft la quantité qu'il faut retrancher fur les degrés du méridien de la Carte, pour que ces degrés foient égaux à ceux de l'équateur ; par la même raifon CH eft toute la quantité dont la diftance AC doit être diminuée proportionnellement à BI.

Nous nous fervirons de cette méthode dans la réfolution des autres problêmes, fur-tout pour les grandes diftances.

Problême VI.

305... *Déterminer fur la Carte le point de départ, ainfi que le lieu de la mer où l'on fe trouve à la vue de deux terres.*

Avant de perdre la terre de vue, les Marins

font dans l'ufage de relever avec le compas de variation deux objets remarquables fur la côte; puis ils menent fur la Carte, par chacun de ces deux points, une ligne parallèle au rumb de vent fur lequel chacun a été apperçu. Le point de rencontre de ces deux lignes détermine celui de leur départ, & le lieu de la mer où ils font au moment où ils vont perdre la terre de vue. C'eft de ce point qu'ils commencent à compter leur navigation.

Il arrive quelquefois qu'on ne peut relever qu'un feul objet, ce qui n'eft pas auffi fûr que d'en relever deux; mais on y eft forcé toutes les fois qu'on part d'une petite île ifolée au milieu de la mer, laquelle, à une certaine diftance, ne préfente à la vue qu'un feul point.

E x e m p l e s.

Suppofons qu'un navire qui eft au large dans la mer, puiffe appercevoir la tour de Cordouan & la pointe méridionale de l'île d'Oleron; que le premier de ces objets foit par rapport à lui à l'E-S-E, & le fecond au N-E$\frac{1}{4}$E. Pour déterminer fur la Carte le lieu du navire & fa diftance à ces deux objets, il fuffit de mener par la tour de Cordouan une parallèle à la ligne qui marque l'E-S-E, & par la pointe méridionale de l'île d'Oleron, une autre parallèle au N-E$\frac{1}{4}$E. La rencontre de ces deux parallèles fera le lieu du navire en mer; enfuite, fe conformant au quatrième Problême pour déterminer la diftance de ces deux objets , on trouvera que la tour de Cordouan est éloignée de cinq lieues du navire, & que la pointe méridionale de l'île d'Oleron en est éloignée de quatre lieues $\frac{1}{2}$.

On a relevé le cap de la Hague au S-E$\frac{1}{4}$S , & la pointe septentrionale de l'île d'Aurigni au Sud; on demande de trouver sur la Carte le point où l'on est en mer.

Réponse. Ce point est éloigné du cap de la Hague de quatre lieues $\frac{2}{3}$, & de la pointe septentrionale de l'île d'Aurigni de trois lieues.

306... En calculant la distance à laquelle on peut porter sa vue en pleine mer , lorsqu'on est élevé d'une certaine quantité au-dessus de son niveau, on trouve , d'après le Théorème 15 de Géométrie , qué lorsque l'œil est élevé de

$$\left\{\begin{array}{l} 5 \text{ pieds} \\ 10 \; . \; . \\ 15 \; . \; . \\ 20 \; . \; . \end{array}\right\} \text{l'horis. fens. s'étend jusqu'à} \left\{\begin{array}{l} 2300 \text{ t.} == \frac{4}{5} \text{ de} \\ 3258.\frac{1}{2} == 1\frac{1}{7} \text{ lieue} \\ 4043.\frac{1}{3} == 1\frac{5}{12} \text{ à-très-} \\ 4668... == 1\frac{2}{3} \text{ peu-} \\ \text{près-} \end{array}\right.$$

PROBLÊME VII.

307... *Connoissant le point de départ & celui de l'arrivée , on demande le rumb de vent qui conduit de l'un à l'autre , & les lieues de distance.*

Supposons que le point de départ soit la tour de *Cordouan* dont on connoît la latitude & la longitude (303), & que le lieu, où l'on se propose d'aller , soit la pointe S-E de l'île *Saint-Michel* , une des *Açores* , dont la latitude & la longitude sont aussi connües (303); en se con-

76

formant à ce qui a été dit au Problême III & IV,
on trouvera d'abord que le rumb de vent qui va
en droite ligne de l'un à l'autre des deux lieux
indiqués, eſt l'E-N-E 2°. Nord, & que leur
diſtance eſt 391 lieues $\frac{1}{3}$, ainſi que nous l'avons
vu dans le cinquième Problême.

308... Mais quoique nous diſions que l'E-
N-E 2°. Nord eſt le rumb de vent qui conduit
directement de la tour de Cordouan à l'île Saint-
Michel, ce n'eſt pas à dire que pour ſe rendre
d'un lieu à un autre, il faille toujours ſuivre la
même direction.

Lorſqu'un navire part des côtes occidentales
de France, il ne faut pas croire qu'il ſuive conſ-
tamment le même rumb de vent; au contraire,
il en change très-ſouvent dans le cours de ſa
navigation. Il eſt d'abord obligé de cingler au
large vers l'Oueſt, afin de décaper; c'eſt-à-dire,
de s'éloigner des côtes & des écueils qui les
environnent, pour qu'il n'ait pas à craindre d'y
être rejeté par le gros tems: enſuite, ſi ſa deſtination eſt pour l'Amérique, il ſe hâte de diriger
ſa route vers le Sud, juſqu'à ce qu'il ait paſſé
le tropique du Cancer, afin de profiter des vents
d'*aliſée* qui ſoufflent continuellement de l'Eſt à
l'Oueſt dans toute l'étendue de la *Zone* torride;
ou ſi ſa deſtination eſt pour toute autre partie du
monde, après avoir décapé, il cherche à gagner
des parages où ſoufflent les vents qui peuvent
favoriſer le reſte de ſa navigation. En un mot,
il change & modifie la direction de ſa route,

selon que les circonstances lui en montrent la nécessité.

« C'est sur cette règle générale, & sur la con-
» noissance qu'on a des vents & des courants,
» dit M. *Bouguer*, qu'on doit dresser le plan
» de sa navigation. Les vents & les courans se
» dirigent vers l'Ouest dans presque toute l'é-
» tendue de la Zone torride : les premiers exci-
» tent les seconds. Lorsque les vents soufflent
» long-tems du même côté, la surface de la mer
» prend du mouvement dans le même sens ;
» mais les terres qui sont dans la Zone torride,
» détournent aussi les vents de leur première di-
» rection, & elles les en détournent d'une ma-
» nière qui est bien digne de remarque : les vents
» s'écartent de la ligne droite pour aller rencon-
» trer les côtes presque perpendiculairement. Il
» faut apparemment attribuer cet effet à la faci-
» lité qu'ont les continens de s'échauffer plus
» que la mer ; ils communiquent leur chaleur
» à la partie basse de l'air qui se trouve au dessus.
» Cet air devenant plus léger, parce qu'il se
» dilate en s'échauffant, tend à s'élever ; il cède
» en bas sa place, & il donne lieu à l'air des
» environs de subvenir en refluant, & de s'élever
» à son tour après s'être échauffé ; ce qui entre-
» tient une circulation continuelle, & ce qui
» fait que le vent souffle vers la terre de tous
» côtés. C'est ce qu'on remarque en divers en-
» droits de la mer des Indes & de celle du Sud,
» de même qu'à une certaine distance d'Afrique
» dans notre Océan. Une partie de l'air, entre

FIG. » les deux continens , fuit la direction des vents
» alifés , en allant vers l'Oueft , pendant que
» l'autre partie prend un autre chemin pour s'ap-
» procher de la côte d'Afrique ; & l'efpace du
» milieu , qui n'eft guère éloigné, dans la mer
» du Nord , de l'interfection du méridien de l'île
» de Fer & de l'équateur, eft fouvent fujet à des
» calmes & à des orages que les Marins ne fau-
» roient éviter avec trop de foin «.

P R O B L Ê M E. VIII.

309... *Connoiffant le point de départ , le
rumb de vent qu'on a fuivi & le chemin qu'on a fait,
trouver fur la Carte le lieu de l'arrivée.*

Suppofons qu'étant parti de la pointe S-E de
l'île Saint-Michel , dont la latitude & la longitude font déja connues , on ait couru 210 lieues
au S-S O.

76　　Pour tracer ou figurer fur la Carte le triangle
qui exprime les conditions de ce Problême, on
menera, par le point C du départ, une parallèle
au S-S-O, que l'on terminera en D , en faifant
CD de 210 lieues ou de 10°. 30′, pris fur l'é-
chelle des longitudes ; on achevera enfuite la
conftruction de ce triangle de la manière enfei-
gnée (303). Le point D , déterminé de cette
manière , ne fera pas le lieu de l'arrivée , quoique l'hypotheneufe CD foit du nombre de lieues
qu'on a courues , parce que ces lieues n'ont été
évaluées qu'en degrés de l'équateur, & qu'il
faut

faut avoir égard à l'augmentation qu'ont reçue FIG.
les distances respectives de tous les lieux, à raison de celle qu'on a donnée aux degrés du méri- 76
dien de la Carte réduite. Donc pour trouver le
véritable point d'arrivée, on évaluera en degrés
de longitude la grandeur du côté CE, qui exprime la différence en latitude; ensuite on comptera ces degrés sur le mérid'en gradué, à partir
de la latitude de départ, jusqu'à celle de l'arrivée. Par le point du méridien où ces degrés se
terminent, on menera une parallèle à la ligne E
& O, qui, rencontrant l'hypotheneuse en un
point quelconque H, fera connoître que ce
point H est celui de l'arrivée, dont il sera facile
de connoître la longitude par le premier Problême.

De sorte qu'on trouvera dans cet exemple,
qu'on est arrivé par 27°. 56' de latitude Nord,
& par 32°. 16' de longitude occidentale de
Paris.

PROBLÊME IX.

310.... *Suppofons maintenant qu'à partir du
point d'arrivée du Problême précédent, on ait
cinglé directement à l'Ouest, & qu'on ait fait
50 lieues.*

Pour trouver dans cet exemple & dans tous
les cas semblables la longitude d'arrivée, on
comptera depuis le point du départ sur la droite
HO, parallèle à la ligne E & O, le nombre de
lieues de la route, réduit en degrés de longi-

FIG. tude. Du point O , par exemple , où se termine ce nombre , on menera OL parallèle à la ligne N & S ; & enfin pour achever la construction du triangle rectangle , on menera l'hypotheneuse

76 HL , de manière qu'elle fasse au point H l'angle OHL égal au nombre de degrés de la latitude de départ. Si l'on porte la longueur de cette hypothéneuse sur l'échelle des longitudes , on trouvera 2°. 54′ pour la différence de longitude ; c'est-à-dire , qu'on est arrivé par 35°. 10′ de longitude occidentale , la latitude d'arrivée étant de 29°. 56′ , la même que celle du départ.

La construction du triangle rectangle HOL , dont l'angle H est égal à la latitude de départ , est fondée sur ce principe : *Le nombre de lieues courues sur un parallèle quelconque , est au nombre de licues qui leur correspondent sur l'équateur , comme le co-sinus de la latitude est au rayon.* On a donc ici ,

$$HO : HI :: co\text{-}f.\ OHI : R ; ou :: fin.\ OIH : R.$$

P r o b l ê m e   X.

311... *Connoissant le point de départ , le rumb de vent qu'on a suivi & la latitude d'arrivée , on demande les lieues de la route & la longitude d'arrivée.*

Supposons qu'on soit parti de la pointe la plus septentrionale de l'île d'*Ouessant* , dont la latitude est de 48°. 32′ Nord , & la longitude de

FIG.

7°. 21′ Ouest, & qu'après avoir couru au N-E, on se soit trouvé par observation à 50°. de latitude N.

On menera, à partir du point A de départ, 76 deux lignes parallèles ; l'une au rumb de vent qu'on a suivi, & l'autre à la ligne N & S de la Carte. Sur cette dernière, on portera la différence en latitude évaluée en degrés de longitude, par un point I, où se termine cette différence, menant une parallele à la ligne Est & Ouest, jusqu'à la rencontre de l'hypotheneuse, on aura AH pour la longueur de la route, laquelle étant portée sur l'échelle des longitudes, donnera 2°. 3′ = 41 lieues.

Pour avoir le point d'arrivée, par le cinquantième degré de latitude, pris sur le méridien de la Carte, on menera une parallèle à la ligne E & O. Le point C, où cette parallèle rencontrera l'hypotheneuse, sera celui de l'arrivée, dont on aura facilement la longitude, en observant à quel degré de l'équateur il répond.

On trouvera donc de cette manière qu'on est arrivé par 5°. 9′ de longitude occidentale, & par 50°. de latitude, déterminée auparavant par observation.

PROBLÊME XI.

312... *Connoissant le point de départ, la longueur de la route & la latitude d'arrivée, on demande le rumb de vent qu'on a suivi, & la latitude d'arrivée.*

Suppofons qu'un navire, partant du *Havre-de-Grace*, dont la latitude eft de 49°. 29′, & la longitude 2°. 14′ Oueft de Paris, ait couru 52 lieues entre le Nord & l'Oueft, & qu'il fe foit trouvé à la fin de cette route par 50°. 31′ de latitude Nord.

Pour déterminer le rumb de vent qu'on a fuivi, du point de départ tel que A, on menera une parallèle à la ligne N & S, & égale au nombre de degrés & minutes de la différence des latitudes de départ & d'arrivée, pris fur l'échelle des longitudes. Enfuite ayant mené, par un point I où elle fe termine, une parallèle à la ligne E & O, on la coupera en un point H, par un arc décrit du point A comme centre, & d'un rayon égal au nombre des lieues de la route, réduit en degrés & minutes fur l'échelle des longitudes. Si par le centre de la rofe la plus voifine, on mène une parallèle à l'hypotheneufe AH, cette parallèle fera le rumb de vent qu'on a fuivi, lequel eft ici l'O-N-O 50′ Nord.

Pour avoir le point d'arrivée par les 50°. 31′ de latitude comptés fur le méridien, on menera une parallèle à la ligne E & O, laquelle venant à rencontrer l'hypotheneufe AH, prolongée en un point quelconque C, fera connoître que ce point C eft celui de l'arrivée. On trouvera donc qu'on eft arrivé par 5°. 52′ de longitude occidentale de Paris, & par 50°. 31′ de latitude; c'eft-à-dire, qn'on eft dans la baie de Torbay, près la rade d'Exmouth.

FIG.

PROBLÊME XII.

313 ... Connoiſſant le point de départ, le rumb de vent qu'on a ſuivi & la longitude d'arrivée, 76 *on demande la latitude d'arrivée & les lieues de diſtance.*

Suppoſons qu'un navire, étant parti de *Marſeille*, dont la latitude eſt de 43°. 17′, & la longitude de 3°. 2′ orientale de Paris, ait cinglé au S-O$\frac{1}{4}$S 2°. 25′ Sud, juſqu'à ce qu'il ſoit par venu à 0°. 30′ de longitude occidentale.

Pour trouver ſur la Carte le point d'arrivée, on menera par le point de départ, comme dans les exemples précédents, une parallèle au rumb de vent qu'on a ſuivi. Par les 30′ de longitude d'arrivée, on menera pareillement une parallèle à la ligne N & S. La rencontre de ces deux lignes déterminera ſur la Carte le lieu de l'arrivée ; c'eſt ici la pointe ſeptentrionale de l'île d'*Ivice*, dont la latitude eſt de 39°. 5′, telle qu'elle eſt indiquée par la diviſion correſpondante du méridien. Cherchant enſuite la longueur de la route, comme dans les exemples précédents, on trouvera qu'elle eſt de 101 lieues marines.

REMARQUE.

314 ... Si, en pointant une Carte, il arrive qu'on ſe trouve à une de ſes extrémités, & qu'on ne puiſſe pas achever ſon opération, à cauſe de l'étendue de la route, il faut alors ſe ſervir d'une

O iij

FIG. feconde Carte ; mais dans ce cas, on doit avoir foin de partager la route en deux parties, telles que le point d'arrivée de la première, déterminé fur la Carte où l'on a commencé l'opération, foit le point de départ de la feconde partie de la route tranfportée fur la nouvelle Carte, obfervant fur-tout que les deux routes aient le même rumb de vent. Si le premier méridien de l'une de ces Cartes n'étoit pas le même que dans l'autre, il feroit facile de réduire une de ces longitudes à l'autre, d'après ce qui a été dit, (page 146).

Defcription & ufage du Quartier de réduction, pour réfoudre les Problèmes de Navigation.

77   315...Le *Quartier de réduction* eft une efpèce de Carte générale qui convient à toutes les différentes parties du globe terreftre. Sa figure rectangulaire, qui repréfente un quart de l'horifon, eft divifée en plufieurs petits quarrés par des lignes parallèles coupées perpendiculairement par d'autres parallèles.

Le fommet C de l'angle droit ACB, formé par les deux côtés extérieurs AC, BC, eft le centre de plufieurs quarts de cercle également diftans les uns des autres. Un de ces quarts de cercle AB eft divifé en degrés, & foudivifé par des tranfverfales, de manière à évaluer facilement la cinquième partie d'un degré. Les deux rayons AC, BC, de ce quart de cercle gradué peuvent repréfenter, fuivant les différentes di-

rections de la route, l'un la ligne Nord & Sud, FIG.
& l'autre la ligne Eſt & Oueſt. Si l'on prend AC
pour la ligne Nord & Sud, on pourra le conſidérer comme repréſentant la moitié de l'axe de 77
la Terre ou le rayon du méridien, alors BC re-
préſentera le rayon de l'équateur, ou, ce qui eſt
la même choſe, la ligne Eſt & Oueſt.

316... Le but de cet inſtrument eſt d'épar-
gner la peine de tracer & même de calculer le
triangle rectangle qui ſert à réſoudre les problêmes de navigation; ce triangle ſe trouve tout
formé ſur cet inſtrument, quel que ſoit le rumb
de vent qu'on a ſuivi. Le fil attaché au centre C,
& qu'on tend ſur telle direction que l'on veut,
repréſente l'hypotheneuſe, par conſéquent la
longueur & la direction de la route. Les deux
côtés de l'angle droit, qui expriment les différences en latitude & en longitude, ſont formés
par des lignes parallèles aux deux rayons AC
& BC.

317... Dans là pratique on peut faire valoir
chaque diviſion du Quartier 1, 2¹, 3, 4, &c.
lieues, ſelon qu'on le juge à propos. Si l'on n'a
fait que très-peu de chemin, on réduit alors les
lieues en milles, & dans ce cas chaque diviſion
ne vaut qu'un ou deux milles; quelquefois même,
pour avoir plus de préciſion, on ſe contente de
ne les faire valoir que des dixièmes de mille. En
un mot, on en règle la valeur ſelon l'étendue
de l'inſtrument, & ſuivant la longueur de la
route qu'on veut réduire. Le Quartier de réduction ſatisfait en général à tous les beſoins du

FIG. pilote : il eſt d'ailleurs moins ſujet que les autres inſtrumens aux erreurs qui viennent de
faute d'attention , en ce qu'il met ſous les
yeux routes les opérations dans leur plus grande
ſimplicité.

Manière de réduire les routes ſur le Quartier de réduction.

318 . . . Nous ne nous arrêterons pas à la réduction des lieues courues au Nord ou au Sud ,
puiſqu'il ſuffit dans tous les cas , pour avoir la
différence en latitude , de convertir ces lieues en
degrés de la manière enſeignée (247) ; mais il n'en
eſt pas de même des lieues courues à l'Eſt ou à
l'Oueſt , pour avoir la différence en longitude,
ainſi que nous l'avons vu (291). Comme la longitude ne ſe compte qu'en degrés de l'équateur,
routes les fois qu'on court un certain nombre de
lieues ſur un parallèle ou cercle mineur , il faut
les réduire en lieues courues ſur l'équateur, afin
de connoître de combien on a avancé réellement
en longitude : c'eſt ce qu'on appelle fort improprement *réduire de lieues mineures en lieues majeures*. Je dis fort improprement , parce que cette
expreſſion préſente l'idée d'une réduction de
lieues plus petites en lieues plus grandes , ce
qui n'eſt pas , mais en un plus grand nombre de
lieues.

319 . . . Pour rendre ceci plus ſenſible, ſoient,
par exemple, deux arcs AC , GH , d'un même
nombre de degrés, dont l'un appartient à l'é-

quateur, & l'autre au trentième parallèle. Si, FIG·
d'après l'eftime du *lock*, ou mieux d'après celle
du *fillomètre*, on juge qu'on a fait 100 lieues
pour parcourir l'arc GH, il eft clair qu'on en
auroit fait davantage pour parcourir l'arc AC 77
de l'équateur qui lui correfpond ; parce que les
degrés de ce cercle font plus grands que ceux du
trentième parallèle. Pour connoître l'étendue de
l'arc AC, & déterminer par-là la différence en
longitude de cette route, il fuffit de faire attention que fur la furface du globe les efpaces AC,
GH, doivent être dans le même rapport que
les circonférences des cercles dont ils font partie. Or nous avons vu que les circonférences
font dans le même rapport que leurs rayons ;
donc l'arc AC eft plus grand que l'arc GH, dans
le même rapport que le rayon de l'équateur eft
plus grand que celui du trentième parallèle.
Donc pour réduire l'efpace GH à l'efpace correfpondant AC, il faut augmenter le nombre
de lieues courues fur GH, dans le même rapport que le rayon de l'équateur eft plus grand
que celui du parallèle en queftion, ce qui fe
réduit à chercher le quatrième terme de cette
proportion :

Le co-f. de 30°.*: R* : : 100 *lieues mineures*
: 115, 4 *de lieues majeures.*

Ou d'une manière générale :

{ *Le co-finus de la latitude*
{ *eft au rayon de l'équateur*,

FIG.

comme le nombre de lieues courues fur un paral-
lèle fitué à cette latitude ,
eft au nombre de lieues qui lui correfpond fur
l'équateur.

77

320... Pour exécuter cette opération fur le Quartier de réduction, on compte les degrés de latitude fur le $\frac{1}{4}$ du cercle gradué, à commencer du point B. Le quartier ne repréfente pas alors une partie de l'horifon, mais le quart du méridien terreftre. On tend le fil fur le degré de latitude où eft fitué le parallèle de la route; on compte enfuite fur la ligne CB les lieues courues à l'Eft ou à l'Oueft; & à partir du point où elles fe terminent, on monte parallèlement à CA, jufqu'à la rencontre du fil où l'on plante une épingle. Le nombre d'intervalles compris entre le centre C & l'épingle, donne le nombre de lieues majeures, & par conféquent la différence en longitude. C'eft ainfi que l'on trouve, par exemple, que trente quatre lieues courues fur le cinquantième parallèle, font 52, 8 de lieues majeures, ou courues fur l'équateur.

321... Pour réduire au contraire les lieues majeures en lieues mineures, on tend le fil fur la latitude du parallèle de la route, comme ci-def-fus ; puis, à partir du centre C, on compte le long du fil le nombre de lieues majeures par celui des arcs concentriques, au bout defquels on plante une épingle. Du point où eft l'épingle, on defcend perpendiculairement jufqu'à

FIG.

la rencontre de la ligne CB ; & le nombre d'intervalles de cette droite, à partir du point C,
jusqu'à celui de rencontre, eſt le nombre de
lieues mineures que l'on cherche. C'eſt de cette
manière que l'on a retrouvé que 52, 8 de lieues
majeures répondoient à 34 lieues mineures ſur
le cinquantième parallèle.

77

Obſervations générales ſur la direction des Routes.

322... Quand on court directement à l'Eſt
ou à l'Oueſt, on ne change point de latitude,
puiſque le parallèle du point d'arrivée eſt le
même que celui du départ : c'eſt donc ſur ce
parallèle qu'il faut réduire les lieues courues à
l'Eſt ou à l'Oueſt.

323... Si l'on court directement au Nord ou
au Sud, on ne change point de longitude, &
dans ce cas il n'y a point de réduction à faire.

324... Mais ſi l'on court ſur une route oblique ; ſi l'on ſuit, par exemple, le N·E, les
lieues à l'Eſt qui en proviendront, n'auront été
faites, ni ſur le parallèle de départ, ni ſur celui
de l'arrivée : elles auront été faites ſur les parallèles compris entre deux ; alors on fera la réduction des lieues mineures en lieues majeures ſur le
parallèle qui tient le milieu entre celui du départ & celui de l'arrivée, qu'on appelle pour
cette raiſon, *moyen parallèle*. Voilà ce qui ſe
pratique, lorſqu'on fait uſage du Quartier de
réduction pour réſoudre les problêmes de navigation.

325... Il y a pluſieurs manières de trouver

le moyen parallèle d'une route. La plus fimple
& la plus ufitée parmi les Marins, confifte à
prendre la moitié de la fomme des deux latitudes de départ & d'arrivée, fi elles font de
même dénomination ; ou le quart de cette fomme, fi ces deux latitudes font de différente dénomination. Dans ce dernier cas, il vaudroit
mieux partager la route en deux parties, dont
l'une feroit fuppofée finir à l'équateur, & l'autre
feroit fuppofée y commencer ; alors la recherche du moyen parallèle de chaque route étant
ramenée au premier cas, on auroit avec plus
d'exactitude leur différence en longitude.

326... Le moyen parallèle trouvé de cette
manière, eft affez exact dans la pratique, pourvu
qu'on ne paffe pas au-delà du foixantième degré
de latitude, & que la longueur de la route n'excède pas 200 lieues. Si elle furpaffoit ce nombre,
ce qui n'eft pas ordinaire, on la partageroit en
plufieurs routes plus petites, & l'on réduiroit
féparément la différence en longitude de chacune fur le moyen parallèle qui lui convient.
Cette attention eft néceffaire, parce que, dans les
routes de 200 lieues, l'erreur en longitude, qui
réfulte de l'ufage du moyen parallèle, peut aller

$$\text{jufques} \begin{cases} \text{à} & 1'\,14'' \\ \text{à} & 4'\,5 \\ \text{à} & 32'\,24 \\ \text{à } 1°.48'78'' \end{cases} \text{vers le paral.} \begin{cases} 45°. \text{ de lat.} \\ 60\;.\;.\;.\;. \\ 75\;.\;.\;.\;. \\ 80\;.\;.\;.\;. \end{cases}$$

On voit donc qu'il ne feroit pas prudent de

fe permettre l'ufage du moyen parallèle au-delà des limites prefcrites. Si la route, au lieu d'être de 200 lieues, étoit de 400, les erreurs feroient huit fois plus fortes; & elles feroient au contraire huit fois plus petites, fi la route, au lieu d'être de 200 lieues, n'étoit que la moitié moins.

Principes néceffaires à la réfolution des Problêmes géneraux de Navigation.

Pour le calcul des Latitudes.

I.

327... *Connoiffant la latitude de départ & la différence en latitude, trouver la latitude d'arrivée.*

Premier cas. Si la latitude de départ & la différence en latitude font toutes deux Nord ou toutes deux Sud, ajoutez-les enfemble, leur fomme exprimera la latitude d'arrivée, qui fera auffi du même côté.

Second cas. Si elles font de différente dénomination, retranchez la plus petite de la plus grande ; le refte fera la latitude d'arrivée qui fera toujours du côté le plus fort.

Exemples de l'un & de l'autre Cas.

Etant parti de { 39°. 56′ de latitude Nord }
{ 6. 10. de latitude Sud }

on a fait { 4°. 10′ au Nord }
{ 1. 12 au Nord }

On demande la latitude d'arrivée de chacune de ces routes.

Rép. Latit. d'arrivée, $\left\{ \begin{matrix} 44°. & 6' \text{ Nord} \\ 4°. & 58. \text{ Sud} \end{matrix} \right\}$

I I.

328... *Connoiſſant la latitude de départ & d'arrivée, trouver la différence en latitude.*

Premier cas. Si la latitude de départ & celle d'arrivée ſont du même côté, toutes deux Nord ou toutes deux Sud, retranchez l'une de l'autre ; le reſte exprimera la différence en latitude, qui ſera auſſi du même côté, ſi la latitude d'arrivée eſt plus grande que celle du départ, autrement elle ſera du côté oppoſé.

Second cas. Si les deux latitudes ſont de différente dénomination, l'une Nord & l'autre Sud, ajoutez-les enſemble ; la ſomme ſera la différence en latitude, qui eſt alors du même côté que la latitude d'arrivée.

Exemples de l'un & de l'autre cas.

Etant parti de $\left\{ \begin{matrix} 4°. & 56' \text{ de latitude Nord} \\ 4. & 25. \text{ de latitude Nord} \end{matrix} \right\}$

on eſt ar. par $\left\{ \begin{matrix} 0°. & 47' \text{ de latitude Nord} \\ 2°. & 48' \text{ de latitude Sud} \end{matrix} \right\}$

On demande la différence en latitude de chacune de ces routes.

Rép. Différence en latit. $\left\{ \begin{matrix} 4°. & 9' \text{ Sud} \\ 7°. & 13' \text{ Sud} \end{matrix} \right\}$

Pour le calcul des longitudes.

Nous ne parlerons que des longitudes orientales & occidentales, les seules aujourd'hui en usage dans la Géographie, l'Astronomie & la Navigation.

I.

329... *Connoissant la longitude de départ & la différence en longitude, trouver la longitude d'arrivée.*

Premier cas. Si la longitude de départ & la différence en longitude sont de même dénomination, toutes deux orientales ou occidentales, ajoutez-les ensemble, & vous aurez la longitude d'arrivée, qui sera aussi du même côté. Si la somme excède 180°., retranchez-la de 360°., le reste sera la longitude d'arrivée, qui est alors du côté opposé à celle du départ.

Second cas. Si la longitude de départ & la différence en longitude sont de différente dénomination, retranchez l'une de l'autre; le reste sera la longitude d'arrivée, qui est toujours du côté le plus fort.

Exemples de l'un & de l'autre cas.

Étant parti de $\left\{\begin{matrix} 21°. & 9' \\ 11. & 50 \end{matrix}\right\}$ de longit. occid. de Paris.

on a fait $\left\{\begin{matrix} 3°. & 40' & \text{à l'Ouest} \\ 4°. & 22. & \text{à l'Est} \end{matrix}\right\}$

On demande la longitude d'arrivée de chacune de ces routes.

Rép. Long. d'ar. $\left\{\begin{array}{l} 24^\circ.\ 49'\ \text{Oueſt de Paris} \\ 7^\circ.\ 28.\ \text{Oueſt de Paris} \end{array}\right\}$

I I.

340.... *Connoiſſant la longitude de départ & d'arrivée, trouver la différence en longitude.*

Premier cas. Si les deux longitudes, celle de départ & celle d'arrivée, ſont toutes deux orientales ou occidentales, retranchez l'une de l'autre, & vous aurez la différence en longitude, qui ſera auſſi du même côté, ſi la longitude d'arrivée eſt plus forte que celle de départ, autrement elle ſera du côté oppoſé.

Second cas. Si les deux longitudes ſont de différente dénomination, ajoutez les enſemble pour avoir la différence en longitude, qui eſt alors du même côté que la longitude d'arrivée. S'il arrive que la ſomme excède 180°., retranchez-la de 360°.; le reſte ſera la différence en longitude qui, dans ce cas, ſera du même côté que la longitude de départ.

Exemples de l'un & de l'autre cas..

Etant parti de $\left\{\begin{array}{l} 60^\circ.\ 37'\ \text{de long. orient. de Paris} \\ 180^\circ....\ \text{de long. occid. de Paris} \end{array}\right.$

on eſt arrivé par $\left\{\begin{array}{l} 55^\circ.\ 24'\ \text{de long. orient.} \\ 178.\ 21'\ \text{de long. orient.} \end{array}\right.$

On

On demande la différence en longitude de chacune de ces routes.

Rép. Différ. en long. $\left\{\begin{array}{l} 5°.\ 13'\ \text{occidentale.} \\ 1°.\ 39.\ \text{occidentale.} \end{array}\right\}$

Problêmes généraux de Navigation.

Chacun de ces Problêmes fera réfolu de deux manières différentes : *par le quartier de réduction & par le calcul trigonométrique ;* ce qui nous procurera dans tous les cas deux objets de comparaifon entre ces deux méthodes. Dans les folutions trigonométriques, nous nous fervirons des latitudes croiffantes, afin d'éviter l'ufage du moyen parallèle, & d'avoir plus de précifion dans les réfultats.

Nous fuppoferons dans ces premiers exemples, qu'on a eu égard à la variation & à la dérive.

PROBLÊME PREMIER.

341... *Connoiffant le point de départ, le rumb de vent qu'on a fuivi, & le chemin qu'on a fait, trouver la latitude & la longitude du point d'arrivée.*

EXEMPLE.

Etant parti de 40°. 45' de latitude Nord, & de 15°. 20' de longitude occidentale de Paris, on a couru foixante lieues au Nord-oueft $\frac{1}{4}$ N. On demande la latitude & la longitude du point d'arrivée.

P

FIG.

O p é r a t i o n.

Latit. de dép...N. 40°. 45′	Long. de dép..O 15°.20′ 0′
Différ. en lat...N. 2. 29′	Diff. en long...O 2. 14′24″
Lat. d'arrivée...N. 43°. 14′	Long. d'ar.....O 17°.34′24″
Som. des lat.......83°. 59′	
Moy. paral.........41. 59′	

Il faut avoir soin de disposer, comme ci-dessus, les articles en deux colonnes, qu'on remplira à mesure qu'on avancera dans l'opération.

77   342... On comptera sur le quartier de réduction, à partir du centre C, qui doit être regardé comme le point de départ de toutes les routes, les soixante lieues le long de la ligne qui représente le N·O$\frac{1}{4}$N, faisant valoir chaque intervalle une lieue; on plantera une épingle où elles se terminent : ensuite prenant AC pour la ligne N & S, & CB pour la ligne E & O, & remarquant à quel point de division de ces deux lignes l'épingle répond verticalement, on trouvera 49, 9 sur la première, & 33, 3 sur la seconde; c'est-à-dire, qu'on a avancé de 49 lieues & 9 dixièmes de lieue vers le Nord, & de 33 lieues & 3 dixièmes de lieue vers l'Ouest, & que par-conséquent la latitude d'arrivée est de 43°. 14′ Nord, en négligeant les secondes.

343... Ensuite pour réduire en lieues majeures les 33, 3 de lieue courues à l'Ouest, on se servira du moyen parallèle, qu'on trouvera

de la manière enseignée (325) ; c'est-à-dire, FIG.
que puisque dans cet exemple les deux latitudes
de départ & d'arrivée sont de même dénomination , le moyen parallèle sera la moitié de
leur somme ; savoir, 41°. 59'. On tendra donc
le fil sur 41°. 59' du cercle gradué , à partir du 77
point B ; on comptera les 33 , 3 de lieues courues à l'Ouest , sur la ligne CB. Du point de
division où elles se terminent , on montera parallelement à la ligne CA , jusqu'à la rencontre
du fil ; ensuite si du centre C, jusqu'à ce point de
rencontre , on compte par les arcs concentriques , on trouvera 44 , 8 d'intervalle , ce qui
signifie que les 33 , 3 lieues mineures , courues
sur le moyen parallèle de 41°. 59' , répondent
à 44 , 8 de lieues majeures , ou courues sur
l'équateur. On ajoutera cette différence en longitude réduite en degrés à la longitude du départ,
& l'on aura 17°. 34' 24'' pour la longitude
d'arrivée.

On est donc arrivé par 43°. 14' de latitude
Nord, & par 17°. 34' 24'' de longitude de
Paris.

Solution Trigonométrique.

344 ... Dans le triangle rectangle , qui exprime les circonstances de cette route , & que
nous venons de résoudre sur le quartier de réduction , on connoît l'hypotheneuse ou la longueur de la route , l'angle droit & l'angle du
rumb de vent , & on demande de trouver les

deux côtés de l'angle droit, dont l'un exprime la différence en latitude, & l'autre la différence en longitude; car c'est de ces deux valeurs que dépend le point d'arrivée.

Pour avoir la différence en latitude, on fera cette proportion :

$$\left\{\begin{array}{l} \textit{Le rayon} \\ \textit{est au co-sinus de l'angle du rumb de vent,} \\ \textit{comme la longueur de la route} \\ \textit{est à la différence en latitude ;} \end{array}\right.$$

c'est-à-dire,

R : co-s. 33°. 45′ : : 60 lieues : 49, 9 de lieue.

Ce quatrième terme, réduit en degrés & ajouté à la latitude de départ, puisqu'on a cinglé au Nord, donnera 43°. 14′. Nord pour la latitude d'arrivée.

Pour avoir la différence en longitude, on fera celle-ci :

$$\left\{\begin{array}{l} \textit{Le rayon} \\ \textit{est à la tangente de l'angle du rumb de vent,} \\ \textit{comme la différence des latitudes croissantes (1)} \\ \quad \textit{d'arrivée & de départ} \\ \textit{est à la différence en longitude ;} \end{array}\right.$$

c'est-à-dire, R : tang. 33°. 45′ : : 202′ : 134′, 9

---

(1) On a pris dans la table des latitudes croissantes, la différence entre 2681′ & 2887′ correspondantes à 40°. 45′, & à 43°. 14′, parce que la latitude de départ &

$= 2^\circ$. $14'$ $54''$ pour différence en longitude FIG.
Oueſt de Paris.

Ajoutant , comme ci-deſſus , ce quatrième
terme à la longitude de départ, on aura 17°. $34'$
$54''$ pour la longitude d'arrivée.

Si l'on compare les réſultats de ces deux méthodes , on verra que la longitude du point
d'arrivée, obtenue par le calcul , eſt plus forte
de $30''$ que celle qu'on a obtenue par le quartier de réduction : le plus ſouvent elles diffèrent
encore davantage.

Problême II

345 ... *Connoiſſant le point de départ, le
rumb de vent & la latitude d'arrivée , trouver le
nombre de lieues qu'on a faites , & la longitude
d'arrivée.*

Exemple.

Suppoſons qu'un navire étant parti de Breſt , 77.
dont la latitude eſt de 48°. $23'$ Nord , & la
longitude de 6°. $50'$ Oueſt de Paris, ait couru
au SO-$\frac{1}{4}$O 4°. Oueſt, juſques par la latitude
de 44°. $50'$ Nord ; on demande la longueur
de ſa route, & la longitude du point d'arrivée.

---

celle d'arrivée ſont de même dénomination : on auroit
fait le contraire , c'eſt-à-dire , on auroit pris la ſomme de
ces deux nombres de minutes, ſi les deux latitudes avoient
été de différent côté.

Opération.

77	Lat. de dép.......N 48°. 23′	Long. de dép.O 6°. 50′ 0″
	Latit. d'arriv.....N 44. 50′	Dif. en long..O 9. 3. 0″
	Différ. en latit......S 3°. 33.	Long. d'ar....O 15°. 53′ 0″
	Somme des latit.....93°. 13′	
	Moyen parallèle....46°. 36′	

Longueur de la route , 429 , 1 de mille ═══ 143 lieues.

316... On fouftrait la latitude d'arrivée de celle du départ, & la différence eft 3°. 33′ ═══ 71 lieues S, parce qu'on a avancé vers le Sud. Après cela , on tend le fil fur le rumb de vent , lequel repréfente fur le quartier le S-O$\frac{1}{4}$O 4°. O : on compte fur la ligne N & S les 71 lieues de différence en latitude , en obfervant de faire valoir chaque intervalle trois lieues , afin que la route n'excède pas les bornes de l'inftrument. Du point de la ligne CA , où fe termine la différence en latitude , on fuit , jufqu'au fil , une ligne parallèle à CB. A ce point de rencontre, on plante une épingle , & la diftance depuis C jufqu'à l'épingle , eft la quantité de chemin qu'on a fait. Dans cet exemple , on trouve 143 lieues pour la longueur de la route.

Les lieues courues à l'Oueft , & comptées, comme à l'ordinaire , fur la ligne CB , depuis le point C , jufqu'à celui qui répond directe-ment à l'épingle, font 124 , 2 de lieue mineure,

lefquelles étant réduites en lieues majeures fur FIG.
le moyen parallèle de cette route, donnent 181
lieues majeures, qui font 9°. 3′ pour différence
en longitude. On ajoute cette différence à la lon- 77
gitude de départ, parce que la route a été faite
vers l'Oueft, ce qui donne 15°. 53′ Oueft pour
la longitude d'arrivée.

Solution Trigonométrique.

347... Co-f. S-O¼O 4°. O == 60°. 15′ : R
:: 71 lieues == 213 milles : 429, 3 de mille, ou
143 lieues pour la longueur de la route.

R : tang. 60°. 15′ :: différ. des latit. croif. 310′
: 542′, 3 == 9°. 2′ 18″ pour différence en
longitude.

PROBLÊME. III.

348... *Connoiffant le point de départ & la*
latitude d'arrivée, avec la longueur du chemin,
trouver le rumb de vent qu'on a fuivi & la longi-
tude d'arrivée.

EXEMPLE.

Etant parti d'un lieu fitué à 0°. 15′ de latitude Sud, & à 110°. de longitude occidentale de Paris, on a couru 53 lieues ½ entre
le Nord & l'Oueft, jufques par 2°. de latitude
Nord : on demande le rumb de vent qu'on a
fuivi, & la longitude du point d'arrivée.

P iv

Opération.

Latit. de départ.....S 0°. 15′	Long. de dép..O 110°. 0′ ″
Latit. d'arrivée.....N 2°.	Dif. en long...O 1°.27′ ″
Différ. en latit......N 2°. 15′	Long. d'ar.. .O 111°. 27′ ″
Somme des latit.......2°. 15′	
Moyen parallèle. . . . . . 33′	

349... Dans cet exemple, les deux latitudes étant de différente dénomination, on les ajoute ensemble pour avoir la différence en latitude 2°. 15′ = 45 lieues. On compte ensuite, par les arcs concentriques, les 53 lieues $\frac{1}{2}$ de la route ; & les faisant convenir avec les 45 lieues de différence en latitude, comptées sur la ligne AC, on plante une épingle au point de concours. De ce point, on descend en droite ligne sur CB, & le point de division que l'on rencontre sur cette ligne, exprime la différence en longitude, laquelle est ici de 29 lieues = 1°. 27′ ; puis tendant le fil directement à l'épingle, jusqu'au cercle gradué, on trouve sur ce cercle 32°. 45′ = N-O$\frac{1}{4}$N 1°. à-peu-près Nord, pour le rumb de vent demandé.

350... Il ne reste plus qu'à chercher le moyen parallèle de la route ; mais si l'on fait attention que la latitude de départ est 0°. 15′ Sud, & que la latitude d'arrivée est 2°. Nord, on verra clairement que la grandeur du moyen parallèle de la route n'est pas sensiblement différente de celle de l'équateur, & que par conséquent le

29 lieues de différence en longitude , trouvées FIG.
par la première opération , peuvent être regardées comme des lieues majeures. On ajoutera 77.
donc la différence en longitude , réduite en degrés , à la longitude de départ , & on aura 111°.
27′ Oueſt pour la longitude d'arrivée.

Solution Trigonométrique.

351... 53, 5 de lieues, ou 160, 5 de mil. : 45 l.
ou 135 milles :: R : co ſ. du rumb de vent 32°.
45′ = N-O$\frac{1}{4}$N 1°. Nord.

R : tang. 32°. 45′ :: ſom. des latit. croiſ. 135ˡ
: 86′, 8 = 1°. 26′ 48″ pour différence en longitude.

PROBLÊME IV.

352... *Connoiſſant le point de départ & celui
de l'arrivée , trouver le rumb de vent qui conduit
de l'un à l'autre , & la longueur de la route.*

EXEMPLE.

Un vaiſſeau, en partant de l'*île de Madère*,
dont la latitude eſt de 32°. 38′ Nord , & la
longitude 19°. 16′ occidentale de Paris , veut
aller aborder à l'*île de Téneriffe* , une des Canaries , dont la latitude eſt de 28°. 28′ Nord , &
la longitude de 18°. 36′ occidentale : on demande
quel eſt le rumb de vent qu'il doit ſuivre , & le
chemin qu'il y à faire.

FIG.
77

Lat. de dép......N 32°' 38'	Long. de dép...O 19°. 16'
Lat. d'arrivée...N 28. 28	Long. d'ar........O 18. 36
Dif. en latit.....S 4°. 10'	Dif. en long....E 0°. 40'

Som. des lat.........61°. 6'
Moyen paral.........30. 33.
Long. de la route . . . . . 84 lieues.

353... Dans cet exemple, il faut fouftraire la latitude d'arrivée de celle de départ, pour avoir la différence en latitude 4°. 10' Sud, parce qu'on a avancé vers l'équateur. On fouftraira pareillement la longitude d'arrivée de celle du départ, & l'on aura 0°. 40' pour différence en longitude orientale, parce qu'on a couru à l'Eft.

354... Pour trouver le rumb de vent & la longueur de la route, on fera le contraire de ce qui a été pratiqué dans les autres exemples ; c'eft-à-dire, que puifque la différence en longitude a été évaluée fur l'équateur, il faut la réduire en lieues mineures fur le moyen parallèle de la route. Ainfi les 40 minutes ou milles fe réduiront, fur ce parallèle, à 34', 5 ; après cela, on fera convenir les 34, 5 de milles courues à l'Eft, avec 4°. 10' $=$ 250 milles courues au Sud ; on plantera une épingle au point de concours, & le fil tendu fur ce dernier point jufqu'au cercle gradué, marquera le rumb de vent qu'on a fuivi. C'eft ici le S$\frac{1}{4}$S-E 30. 25' Sud, & la longueur de la route comptée par les

arcs concentriques , depuis le centre C , jufqu'à FIG.
l'épingle, fera de 84 lieues.

Solution trigonométrique.

355 ... Differ. latit. croif. 291' : differ. en 77.
long. 40' :: R : tang. 7°. 49' , qui eft le rumb de
vent qu'on a fuivi , lequel répond au S¼S-E 3°.
26' Sud.

Co-f. de 7°. 49' : R :: differ. en latit. 250'
: 252' , 3 = 84 lieues pour la longueur de la
route.

PROBLÊME V.

356 ... *Connoiſſant le point de départ & la
longitude d'arrivée avec le rumb de vent , trouver
la latitude d'arrivée & la longueur du chemin.*

Ce Problême n'a guère lieu dans la pratique
de la navigation , puifqu'il eft très-rare de fe
trouver en un point quelconque de la mer, dont
la longitude feroit connue , & la latitude ne le
feroit pas. Si nous en faifons mention , c'eft plutôt parce qu'il eft au nombre des cas poffibles ,
que pour fon utilité réelle.

EXEMPLE.

Etant parti de 25°. 40' de latitude Nord & de
160°. de long. occidentale de Paris, on a cinglé
au N-E¼E, jufques par 153°. 30' de longitude
occidentale : on demande la latitude d'arrivée &
la longueur du chemin.

FIG.

Opération.

Lat. de dép.....N 25°. 40′	Long de dép...O 160°. ′ ″
Lat. d'arrivée...N 29. 50′	Long. d'ar......O 153. 30′
Dif. en latit.....N 4°. 10′	Dif. en long.....E 6°. 30′

77

357... On ne peut réfoudre ce Problême fur le quartier de réduction, que par une efpèce de tatonnement, en fuivant la même méthode que nous avons employée jufqu'ici ; mais on y parviendra directement en faifant ufage de l'échelle des latitudes croiffantes, qui accompagne ordinairement cet inftrument. Cette échelle a fon premier degré égal à un des intervalles du quartier, & le principe qui a donné lieu à fa conftruction, eft le même que celui des Cartes réduites ; car fi l'on prend un des intervalles du quartier pour repréfenter l'étendue du premier degré du méridien, on trouvera l'étendue que doit avoir le fecond degré fur l'échelle, en cherchant le quatrième terme de cette proportion :

La fomme des fécantes de toutes les minutes du premier degré,

eft à un des intervalles du quartier,

comme la fomme des fécantes de toutes les minutes des deux premiers degrés

eft au nombre des intervalles du quartier qu'on doit porter fur l'échelle, pour y repréfenter l'étendue des deux premiers degrés du méridien.

Et ainfi de fuite pour les autres degrés.

358... Dans l'exemple ci-deſſus , la diffé- FIG.
rence en longitude étant de 6°. 30', on la comptera ſur la ligne CB , en prenant chaque intervalle pour un degré. Du point de diviſion, où 77.
ſe termine ce nombre , on montera parallelement à la ligne CA , juſqu'à la rencontre du
N-E¼E , où l'on plantera une épingle. On prendra avec un compas la plus courte diſtance qu'il
y a de l'épingle à la ligne CB ; & la portant ſur
l'échelle des latitudes croiſſantes , ſi l'on a ſoin
de mettre exactement une des pointes du compas ſur la latitude de départ , l'autre marquera
au-deſſus 29°. 50' pour la latitude d'arrivée. La
différence en latitude ſera donc 9°. 10' Nord
== 250 milles.

La pointe du compas doit tomber au-deſſus
ou au-deſſous du point de départ , ſelon que la
route s'eſt éloignée ou approchée de l'équateur.

Il ne reſte plus qu'à porter 250 milles ſur la
ligne CA du Quartier , afin de les faire convenir
avec le rumb de vent qu'on a ſuivi , & l'on
trouvera 529 , 6 de mille == 176 lieues ⅓ pour
la longueur de la route.

359... La conſtruction de l'échelle des latitudes croiſſantes eſt ordinairement à trop petit
point , pour qu'on puiſſe ſe flatter d'obtenir un
réſultat bien exact , ſur-tout lorſque les parallèles de la route ſont fort près de l'équateur; car
alors les diviſions de l'échelle étant très-ſerrées,
la plus petite erreur peut devenir très-conſidéra-
ble. Les méthodes de calcul ne ſont aſſujetties à

FIG. aucune de ces limitations, auffi font-elles à préférer dans tous les cas.

Solution Trigonométrique.

77   360 ... Tang. du N-E $\frac{1}{4}$ E $=$ 56°. 15′ : R
:: différ. en longit. 390′ : 260′, 5.

Ce quatrième terme peut être en général, ou
la différence, ou la fomme des latitudes croiffantes du point d'arrivée & du point de départ.

Si la route tend à augmenter la latitude de
départ, comme dans cet exemple, il faut ajouter
le quatrième terme de la proportion, au nombre des minutes de la table des latitudes croiffantes, qui répond à la latitude de départ. La
fomme répondra à la latitude d'arrivée, qui eft
ici 29°. 30′ Nord.

Si, au contraire, la route tend à diminuer la
latitude de départ, on fouftraira alors le quatrième terme de la proportion du nombre de
minutes correfpondantes à la latitude de départ ;
le refte répondra dans la table à la latitude
d'arrivée.

Co-f. 56°. 15′ : R :: différ. latit. 3°. 50′
ou 320′ : 576′ $=$ 192 lieues pour la longueur
de la route.

Règles compofées de Navigation.

361 ... Un navire en mer eft obligé de changer fi fouvent de direction dans fa route, foit
par le changement du vent, foit par des obfta-

cles qui fe trouvent fur fon chemin , comme des rochers ou vigies , des bancs de fable , des îles , &c. , que les Marins , pour s'éviter la peine de faire féparément le calcul de toutes ces routes , les réduifent à une feule , par une opération particulière , qu'ils nomment *Règle compofée*. Elle confifte à chercher , pour chaque route particulière , les lièues Nord & Sud, & les lieues Eft & Oueft ; à faire la fomme de celles qui ont été courues dans le même fens, & à prendre la différence de celles qui ont été courues dans un fens oppofé , afin d'avoir en droite ligne & le rumb de vent , & la longueur de la route totale.

Nous allons éclaircir cela par des exemples.

Exemple I.

Etant parti de 45°. de latitude Nord, & de 8°. 30′ de longitude occidentale de Paris , & ayant couru les routes fuivantes , on demande le rumb de vent & le chemin en droite ligne , ainfi que le point d'arrivée.

Routes.	Diftances.	N.	S.	E.	O.
O-N-O..	12 l. $=$ 36 m.	13,7 m.	. . . . . .	. . . . .	33,3 de m.
S-O........	20... $=$ 60...	. . . . . .	42,5 m.	. . . . .	42,5 . . .
S-O$\frac{1}{4}$S....	16... $=$ 48...	. . . . . .	39,8....	. . . . .	26,5 . . .
S-E$\frac{1}{4}$E....	8$\frac{1}{3}$... $=$ 25...	. . . . . .	20,7....	13,8 m.	. . . . . .
		13.7...	103	13,8....	102,4....
			13,7..		13,8.....
			89,3..		88,6....

Rumb de vent en droite ligne, S-O 15′ Sud.
Cheminen droite ligne, 125,6 de m. $=$ 41,8 de lieue.

FIG.

362... On formera une table à six colonnes, comme derrière. Dans la première, on
marquera les routes ou rumbs de vent; dans la
feconde, le chemin ou les diftances; & dans
77 les quatre autres, les lieues ou milles courues
au Nord, au Sud, à l'Eft & à l'Oueft. Pour
avoir tous ces nombres, on tendra le fil fur le
rumb de vent de chaque route particulière; &
ayant compté, le long de ce fil, la diftance parcourue, on trouvera, comme dans les exemples précédents, que dans la première route on a
couru 13, 7 de mille au Nord, & 33, 3 de mille
à l'Oueft. Dans la feconde, 42, 5 de mille au
Sud, & autant à l'Oueft; dans la troifième,
39, 8 de mille au Sud, & 26, 6 à l'Oueft;
dans la quatrième, 20, 7 de mille au Sud, &
13, 8 à l'Eft.

363... Pour trouver le rumb de vent & la
diftance en droite ligne, on fera convenir enfemble la différence en latitude 89, 3 de mille,
avec la différence en longitude 88, 6 de mille.
On tendra le fil fur le point de concours de ces
deux diftances, & on trouvera que le rumb de
vent en droite ligne eft 44°. 15' = S—O 15'
Sud, & que le chemin en droite ligne eft de
125', 6 = 41, 8 de lieue.

Enfin, avec la latitude de départ & la différence en latitude, on déterminera la latitude
d'arrivée, qui eft ici de 43°. 31' Nord; enfuite,
réduifant les 88, 6 de milles, courues à l'Oueft
fur le moyen parallèle, on trouvera 123, 6 de
milles pour différence en longitude, laquelle,
réduite

réduite en degrés, & ajoutée à la longitude de départ, donnera 10°. 33′ 36″ pour longitude d'arrivée occidentale.

La méthode est absolument la même pour toutes les règles composées de cette espèce.

Opération.

Latit. de départ.. N 45°.	Long. de d... O 8°. 30′. 0″
Différ. en latit.... S 1°. 29′	Dif. en long. O 2°. 3′ 36″
Latit. d'arrivée... N 43°. 31′	Long. d'ar... O 10°. 33′ 36″
Somme des latit.... 88°. 31′	
Moyen parallèle.... 44°. 15′	

Solution Trigonométrique.

364.... Pour déterminer par le calcul l'angle du rumb de vent, on se servira de la différence en longitude, réduite sur le moyen parallèle de la route.

Différ. des latit. croiſ. 125′ : différ. en longit. 123, 6 :: R : 44°. 40′ == S.O 20° Sud.

Co-ſ. 44°. 40′ : R :: différ. en latit. 89′, 3 : 125′, 5 == 41, 8 de lieue pour la longueur de la route.

Nous n'avons fait entrer dans les exemples précédents, ni variation ni dérive, parce que nous avons supposé jusqu'ici qu'on y avoit eu égard. Il s'agit maintenant de faire voir de quelle manière on corrige une route qu'on a faite, lorsqu'il y a eu variation & dérive; car voilà préciſément ce qui ſe pratique ſur mer : on ſe contente, lorſqu'on fait route, d'obſerver la quantité de variation & de dérive, afin d'en tenir compte, lorſqu'on fait le calcul des routes qu'on a ſuivies dans l'eſpace de 24 heures.

Exemple II.

365... *Etant parti de 0°. 15′ de latitude Sud, & de 50°. 10′ de longitude occidentale de Paris, on a couru les routes ſuivantes ſur un compas qui varioit de 8°. du côté du N-O, tandis que la dérive étoit de 11°. 15′ bas-bord ; c'eſt-à-dire, à gauche, ou du même côté que la variation : on demande le rumb de vent en droite ligne, corrigé de la variation & de la dérive, les lieues de diſtance & le point d'arrivée.*

Routes.	Dérive.	Variation.	Diſt.	Rumbs ſuivis	N.	S.	E.	O.
N-E.$\frac{1}{4}$N.			30 m.	N-N-E 8°.N.	29, 1 m.	. . .	7,5 m.	. . .
N.N-E...	11°.15′		15.....	N$\frac{1}{4}$N-E 8°.N.	15 . . .	. . .	0,8 . .	. . .
E.$\frac{1}{4}$N-E.	bas-b.	8°.N·O	36.....	E-N-E 8°.N.	18,2 . .	. . .	31,1 . .	. . .
N-E			10$\frac{1}{2}$..	N-E.$\frac{1}{4}$N 8°.N.	9,5 . .	. . .	4,5 . .	. . .
					71, 8 . .		43,9 . .	

Rumb de vent en droite ligne, N-E$\frac{1}{4}$N 2°.20′N.
Chemin ou route en droite ligne, 84, 2 de mille $=$ 28 lieues $\frac{1}{15}$.

Opération.

Latit. de départ.... S 0°. 15′ | Long. de départ.. O 50°. 10′
Différ. en latit..... N 1°. 11′ | Différ. en long... E.........44′
Latit. d'arrivée.... N 0°. 56′ | Long. d'arrivée...O 49°. 26′
Somme des latitud....1°. 11′
Moyen parallèle..........17′

366... Lorsqu'on veut corriger de la dérive une route déja faite, il faut en compter la quantité à droite du rumb de vent, si la dérive est stribord; ou à gauche, si elle est bas-bord. La variation peut être aussi à droite ou à gauche, & par conséquent du même côté que la dérive ou du côté opposé. Si elle est du côté opposé, elle diminue la dérive; & pour y avoir égard, on doit souftraire l'une de l'autre; quand elle est du même côté, on les ajoute ensemble, comme dans cet exemple. La dérive portoit du côté de bas-bord, ou à gauche; c'est-à-dire, au N-O: elle étoit donc jointe à la variation. Ainsi l'écart, produit dans les routes qu'on a faites; a été de 11°. 15′ $+$ 8°. $=$ 19°. 15′ du côté du N O. Donc au lieu de suivre le N-E$\frac{1}{4}$N, on suivoit réellement le N N-E 8°. N; au lieu de suivre le N-N-E, on suivoit le N$\frac{1}{4}$N-E 8°. Nord; au lieu de suivre l'E$\frac{1}{4}$N-E, on suivoit l'E-N-E 8°. Nord; au lieu du N-E, on suivoit le N-E$\frac{1}{4}$N 8°. Nord.

Le reste de l'opération s'achève exactement de la même manière que dans l'exemple précédent. On trouvera donc que la latitude d'arrivée est 0°. 56′ Nord, & la longitude d'arrivée est 49°. 26′ Ouest de Paris.

Solution Trigonométrique.

367... Somme des latit. croiss. 71′ : différ. en longit. 44′ :: R : tang. 31°. 47′ $=$ N-E$\frac{1}{4}$N 1°. 58′ Nord.

Co-f. 31°. $47'$: R : : differ. en lat. $71'$, 8 : $8\frac{1}{3}$, 5 $=$ 27 lieues $\frac{7}{18}$ pour la longueur de la route.

EXEMPLE III.

368... *Etant parti de 41°. $30'$ de latitude Nord, & de 54°. $20'$ de longitude occidentale de Paris, on a couru les routes fuivantes, & on demande le rumb de vent en droite ligne, ainfi que la latitude & la longitude d'arrivée.*

Routes.	Dérive,	Variat.	Dift.	Rumbs fuivis.	N.	S.	E.
E-S-E 5°.$30'$S	22°.$30'$ ftrib.	19°30'.N-O	21 m.	S E$\frac{1}{4}$E2°. $45'$E	. . .	10,8 m.	18.. m.
S-E$\frac{1}{4}$S 2°.$45'$E	10°. bas-b....		15.....	E-S-E 1°. $30'$S	. . .	6,1	13,7....
S E$\frac{1}{4}$E5°.$30'$E	11°.$15'$ ftrib.		28.....	E-S-E 2°. $30'$E	. . .	9,6	26,3....
S-S-E	12°. bas-b....		23.....	S-E$\frac{1}{4}$E 2°.$15'$S	. . .	13,5	18,6....
					40........	76,6....	

Rumb de vent en droite ligne E-S-E 5°. $10'$S. Chemin ou route en droite ligne 86,4 de mille $=$ 28 lieues $\frac{8}{10}$.

Opération.

Latit. de départ...N 41°. $30'$	Long. de d.. O 54°. $20'$ $0''$
Différ. en latit.....S .... $40'$	Dif. en long. 1°. $4'$ $12''$
Latit. d'arrivée...N 40°. $50'$	Long. d'ar..O 52°. $39'$ $48''$
Somme des latit......82°. $20'$	
Moyen parallèle.....41°. $10'$	

369... *Solution Trigonométrique.*

{ *Différ. des latit. croiffantes de départ & d'arrivée $=$ 53'.*

{ *eſt à la différ. en long. réduite ſur le moyen parallèle* = 100′, 2,
{ *comme le rayon ou la tangente de* 45°.
{ *eſt à la tangente du rumb de vent* 62°. 7′
{ =E-S-E 5″. 2 5′ *Sud.*

{ *Co-ſinus de rumb de vent* 62°. 7′
{ *eſt au rayon,*
{ *Comme la différence en latitude* 40′
{ *eſt à la longueur de la route* 85′, 5 = 28
{   *lieues* $\frac{1}{2}$.

Éxemple IV.

370... *Etant parti de* 15°. 20′ *de latitude Nord, & de* 19°. 30′ *de longitude occidentale de Paris, on a couru les routes ſuivantes, & l'on demande le rumb de vent, la longueur du chemin en droite ligne & le lieu de l'arrivée.*

Routes.	Dérive.	Variation	Diff.	Rumbs ſuivis.	N.	S.	E.	O.
S O 2°. ...S	10°.30′ bas b.	12......N-O	69...m.	S-O......2°. ...S	....	50,6	...	47.m.
... 1°30′O	8° ......bas-b.	15°......N-E.	37, 5...	S-O.$\frac{1}{4}$O 2°45′S	....	19,3	...	32,2.
S'O3°....S	6°. 15′ ſtrib.	10°.30′ N·O	90.......	O·S-O..4°. ...O	....	28.6	...	85,2.
						98,5		164,4

Rumb de vent en droite ligne 59°. = S·O$\frac{1}{4}$O 2°. 45′ Oueſt.

Chemin en droite ligne 191, 6 de mille = 63, 8 de lieue.

Opération.

Lat. de départ....N 15°. 20'	Long. de d... O 19°. 30' 0''
Différ. en lat......S. 1. 38'	Dif. en lon..O 2°. 49' 36''
Latit. d'arrivée...N 13°. 42'	Long. d'ar...O 22°. 19' 36''
Somme des lat.......29°. 2'	
Moyen paral.........14°. 31'	

371... *Solution Trigonométrique.*

$\left\{\begin{array}{l}\end{array}\right.$ *Différence des Latitudes croif. de départ & d'arrivée = 101'*
*est à la différence en longitude 2°. 49' 36''
= 169, 6,*
comme le rayon ou tangente de 45°.
*est à la tangente du rumb de vent 59°. 13'
= S-O-¼O 2°. 58' Ouest.*

$\left\{\begin{array}{l}\end{array}\right.$ *Cosinus de rumb de vent 59°. 13'*
est au rayon,
comme la différence en latit. 98', 5
*est à la longueur de la route 192, 4 = 64,
1 de lieue.*

371... Lorsqu'on navigue dans des parages
où règnent certains courants, dont la direction
& la vîtesse font connus, & qu'on veut en tenir
compte dans le calcul de ses routes, il suffit
d'ajouter une route de plus à la règle composée.
On fait, par exemple, que dans la Zone torride,
& à quelque distance de part & d'autre de l'é-
quateur, la mer se meut vers l'Occident, &

forme un courant perpétuel , dont la vîtesse est d'environ trois lieues par jour. Ce courant porte un peu tantôt au Nord , tantôt au Sud , sans perdre sa direction constante à l'Ouest. Suppofons donc que nous ayons mis vingt-quatre heures à faire les trois routes précédentes , qui tombent précisément dans la Zone torride , & que pendant ce tems-là , le courant équinoxial nous ait transportés trois lieues à l'O$\frac{1}{4}$S-O 4°. Sud. A la suite de ces trois routes, il n'y aura donc qu'à en ajouter une quatrième de trois lieues à l'O$\frac{1}{4}$S-O 4°. Sud , afin de tenir compte de ce courant, & l'opération générale ne sera pas pour cela différente.

De la Correction des Routes.

373 ... Quoique les *Corrections* , dont nous allons parler , supposent nécessairement l'observation des Astres , nous les plaçons ici immédiatement après le calcul des routes , avant même d'avoir parlé d'Astronomie , uniquement à cause de leur liaison naturelle & inséparable avec ce qui précède. Il suffit seulement de supposer que les observations dont elles dépendent, ont été déja faites ; on pourroit même passer cet article à la première lecture, & n'y revenir qu'après avoir vu les différentes méthodes de déterminer la latitude en mer par l'observation des Astres ; détermination que le commun des Marins prend pour guide dans la correction des routes.

Q iv

374... L'ufage des obfervations de latitude pour la correction des routes n'eft qu'un foible moyen de fu ppléer à la connoiffance des longitudes, lorfqu'on n'a pu les obferver. Ces Corrections, quoique. fondées fur l'obfervation de la hauteur des Aftres, le feul guide qu'un navigateur puiffe alors confulter, font d'ailleurs fi dépendantes de la mefure du fillage & de la variation de l'aiguille aimantée ; élémens fi variab'es & fi difficiles à déter.niner, qu'elles fe réduifent à des à-peu-près, qui peuvent devenir une fource d'erreurs, & égarer quelquefois le navigateur, au lieu de le guider. Il n'eft donc, ni prudent, ni raifonnable, de fe fervir de ce moyen pour connoître le point d'arrivée, que lorfqu'on ne peut faire autrement ; & pour en diriger l'application, il faut alors s'aider des notes d'obfervation qu'on aura pu faire fur toutes les circonftances de la route, les comparer enfemble, & les difcuter avec ce tact & cette fineffe de difcernement qui ne peuvent être que le fruit de la théorie & de l'expérience ; car l'eftime de la route journalière d'un navire n'étant fondée, dit M. *Bouguer*, que fur des conjectures faites à l'aide d'un grand nombre de mefures, toutes fujettes à des erreurs plus ou moins confidérables, il faut donc qu'un pilote ait continuellement l'œil à toutes les circonftances du mouvement du navire ; qu'il obferve foigneufement fa dérive, qu'il tienne une note exacte de tous les petits accidens qui arrivent à la barre, & qu'il eftime fur le champ ce que chacun peut produire d'erreur sur sa route; afin qu'au moment de Midi, soit qu'il y ait apparence qu'on prendra hauteur, soit qu'il n'y en ait pas, il soit en état de tenir compte de tout pour déterminer le point d'arrivée.

375... Lorsque le tems est couvert, ou qu'il n'est pas propre à l'observation, on doit s'en tenir aux résultats de l'estime, en attendant un moment plus favorable ; mais lorsqu'on peut prendre hauteur, comparant alors la latitude observée avec l'estimée, si l'on trouve une différence sensible (1), on peut bien en conclure que la mesure de la distance ou le rumb de vent ou tous deux à la fois sont fautifs. Mais il seroit bien difficile de dire précisément pour combien chacun a contribué à cette erreur, si l'on n'avoit sous les yeux le tableau des observations qu'on a faites sur toutes les circonstances de la route : c'est à l'aide de ces connoissances, qu'on pourra attribuer à chacune de ces deux causes une partie de l'erreur en latitude, proportionnée à l'effet dont on la juge

____

(1) Si depuis la dernière observation de latitude, on n'a rien remarqué qui puisse faire soupçonner quelque erreur sensible dans le rumb de vent & dans la longueur de la route, on peut regarder la latitude estimée comme n'ayant pas besoin de correction, si elle ne diffère de la latitude observée que de 3′ sur une route de 20 lieues, ou de 4′ sur une route de 40 lieues, ou de 5′ sur une route de 60 lieues ; & ainsi de suite, en augmentant d'une minute pour chaque vingtaine de lieues.

capable ; afin de faire convenir l'une & l'autre avec la latitude obfervée, & en déduire la longitude du point d'arrivée, ou celle à laquelle il eft plus plaufible de croire qu'on eft arrivé.

376... On peut ramener en général la direction de toutes ces routes à la ligne N & S, ou à la ligne E & O, ou à celle qui tient le milieu entre ces deux dernières ; ce qui fait trois chefs principaux, fur chacun defquels nous établirons une Correction particulière.

Correction I.

377... Si la route qu'on a fuivie, eft voifine de la ligne N & S ; c'eft-à-dire, fi elle eft entre le N-N-O & le N-N-E, ou entre le S-S-O & le S-S-E, l'erreur en latitude doit être principalement attribuée à la mefure du chemin ; parce que celle qu'on auroit commife fur le rumb de vent, à moins qu'elle ne foit très-confidérable, ne peut produire qu'un très-petit effet fur la latitude, ainfi qu'on peut s'en convaincre, en jettant les yeux fur une Carte hydrographique ou fur le Quartier de réduction.

378... Dans ce cas, il eft donc important de donner une attention particulière à la variation de l'aiguille aimantée, afin d'avoir l'angle du rumb de vent avec toute l'exactitude poffible, puifque l'ufage des obfervations de latitude ne peut alors diriger le navigateur que pour la Correction de la diftance.

379... Pour exécuter cette Correction fur le

Quartier de réduction, on fera convenir la différence en latitude déduite de l'obfervation, avec
le rumb de vent qu'on a fuivi, & l'on aura la
diftance corrigée, ainfi que les milles courus à
l'Eft & à l'Oueft qui conviennent à cette diftance.
Le refte de l'opération s'achève comme à l'ordinaire.

EXEMPLE.

380... Etant parti de 20°. 30′ de latitude
Nord, & de 69°. 50′ de longitude occidentale
de Paris, on a fait 85 lieues au N$\frac{1}{4}$N-E corrigé
de la variation & de la dérive ; & ayant obfervé
la hauteur méridienne du foleil à la fin de la
route, on s'eft trouvé par 25°. 10′ de latitude
Nord : on demande le chemin corrigé & la longitude d'arrivée auffi corrigée.

Cette route calculée, d'après l'eftime telle
qu'elle doit être au moment de l'obfervation,
donne fur le Quartier de reduction,

$$\begin{cases} 4°. & 10′ \text{ pour différence en latitude.} \\ 24. & 40′ \text{ pour latitude d'arrivée eftimée.} \\ 68. & 57′ \text{ pour longitude d'arrivée eftimée.} \end{cases}$$

Route corrigée d'après l'Obfervation.

Lat. de départ....N 20°. 30′		Long. de d...O 69°.50′	
Lat. d'ar. obferv..N 25. 10′		Dif. en l. cor. E 1°. 0′ 36″	
Dif. en lat.. obf...N 4°. 40′		L. d'ar. obf. O 68°. 49′ 24″	
Som. des latitud.....45°. 40′			
Moyen paral............. 22. 50′			

Le chemin corrigé eſt donc 95 , 4 de lieue au lieu de 85 , qu'on croyoit avoir faites d'après le témoignage du lock.

381 ... *Solution Trigonométrique.*

D'aprés l'obſervation.

$\left\{\begin{array}{l}\textit{Le co-ſinus du rumb de vent } 11°.15'\\ \textit{eſt au rayon}\\ \textit{comme la différence en latit. obſervée } 4°.40',\\ \textit{eſt à la longueur de la rōute } 285' , 4 = 95\\ \quad\textit{lieues \& un dixième.}\end{array}\right.$

$\left\{\begin{array}{l}\textit{Le rayon}\\ \textit{eſt à la tangente de } 11°.15' ,\\ \textit{comme la différ. des latit. croiſ. } 304'\\ \textit{eſt à la différence en longitude } 60' , 4\\ \quad = 1°.0'24''.\end{array}\right.$

Obſervation particulière.

382 ... Lorſque la route eſt très-voiſine de la ligne Nord & Sud , il faut s'en tenir au rumb de vent eſtimé , ſur-tout ſi la différence en latitude obſervée eſt plus petite que l'eſtimée. Mais ſi la différence en latitude eſt plus grande que l'eſtimée , & ſi en même tems l'angle du rumb de vent approche de 22°. 30' , il eſt néceſſaire alors de faire tomber une petite partie de la Correction ſur le rumb de vent. Pour cela , on ajoutera un ou deux dixièmes de l'erreur en latitude à la différence en latitude eſtimée , ſelon

que la direction de la route sera moins ou plus
éloignée de la ligne Nord & Sud ; & pour trouver l'angle du rumb de vent, on cherchera le
quatrième terme de cette proportion :

La différence en latit. estimée, augmentée,
est à la differ. en latit. observée,
comme le co-sinus du rumb de vent estimé,
est au co-sinus du rumb de vent corrigé.

Avec le rumb de vent corrigé, on fera convenir sur le Quartier la différence en latitude
observée ; ce qui donnera le chemin corrigé : le
reste de l'opération s'achève comme à l'ordinaire.

Correction I I.

383... Si la route est très-voisine de la ligne
Est & Ouest ; c'est-à-dire, si elle est comprise
entre l'O-N-O & l'O-S-O , ou entre l'E-N-E
& l'E-S-E , alors l'erreur en latitude doit être
principalement attribuée au rumb de vent ; car
les erreurs commises sur la mesure de la distance, influent d'autant moins sur la latitude,
que l'angle du rumb de vent approche plus de
90°. , puisque la direction de la route étant
alors presque parallèle à la ligne Est & Ouest,
on doit avancer beaucoup en longitude & très-
peu en latitude.

On ne sauroit donc être trop attentif à la
mesure du sillage qui , dans ce cas, influe si
fort sur la longitude , afin de pouvoir rejetter

avec confiance fur le rumb qu'on a fuivi , la plus grande partie de l'erreur en latitude qui fert à faire les corrections.

384... Pour exécuter cette feconde correction fur le Quartier , on peut faire convenir la différence en latitude obfervée , avec la différence en longitude eftimée , ce qui corrige le rumb de vent & les milles de diftance ; ou bien faire convenir les milles de diftance avec la différence en latitude obfervée , & l'on aura le rumb de vent & la différence en longitude corrigée. C'eft au pilote intelligent à juger, dans l'occafion , laquelle de ces deux pratiques convient le mieux.

E X E M P L E.

385... Etant parti de 34°. 10′ de latitude Sud , & de 13°. 30′ de longitude orientale de Paris , on a couru par eftime 120 lieues fur le rumb de vent O$\frac{1}{4}$N-O 4°. O corrigé de la variation & de la dérive ; & à la fin de cette route , ayant obfervé la hauteur du pole, on s'eft trouvé par 32°. 55′ de latitude Sud : on demande le point d'arrivée corrigé.

Le calcul de la route , d'après l'eftimée, donne fur le Quartier de réduction ,

$$\begin{cases} 0°. 45′\ 0'' \text{ pour différ. en latit. eftimée.} \\ 33.\ 25.\ 0\ \text{ pour latit. d'arrivée eftimée.} \\ 5°. 22. 30'' \text{ pour long. d'arrivée eftimée.} \end{cases}$$

En faifant convenir fur le Quartier les milles

de diſtance, avec la différence en latitude obſervée 1°. 15′ = 75′, on aura la route corrigée
comme il ſuit :

Route corrigée d'après l'Obſervation.

Latit. de départ...S 34°. 10′	Long. de dé..E 13°. 30′ 0″
Lat. d'ar. obſerv..S 32. 55′	Dif. en l. cor.O 7°. 2′ 6″
Dif. en lat. ob.....N 1°. 15′	L. d'ar. cor...E 6°. 28′ 54″
Som. des lat........ 67°. 5′	
Moyen parallèle.....33. 32′	

Rumb de vent corrigé, O¼N-O 45′ Nord.

386... *Solution Trigonométrique d'aprés*
l'Obſervation.

$\Big\{$ *La longueur de la route* 120 *lieues* = 360
    milles
eſt à la différence en latitude obſervée 1°. 15′
    = 75′,
comme le rayon
eſt au co-ſ. du rumb de vent 77°. 59′ = O¼N-O
    46′ *Nord.*

$\Big\{$ *Le rayon*
eſt à la tangente du rumb de vent 77°. 59′,
comme la différence des latitudes croiſ. 93′
eſt à la différence en longitude 336′, 9 = 7°.
    6′ 54″.

Obſervation particulière.

387... Quoique nous ayons dit ci-deſſus que

dans les routes voisines de la ligne Est & Ouest, l'erreur en latitude ne provienne pas, ou participe peu de l'erreur commise sur la mesure de la distance , il ne s'en suit pas qu'il n'y ait d'autres corrections à faire à l'estime que celles qui dépendent du rumb de vent , puisqu'alors les erreurs sur la mesure du chemin contribuent si fort à augmenter ou à diminuer la différence en longitude, laquelle il importe essentiellement de connoître pour déterminer le point d'arrivée.

D'après ces considérations , on peut donc établir que si la direction de la route est éloignée de près de deux rumbs de vent de la ligne Est & Ouest , on doit alors faire tomber une partie de la Correction sur la distance. Pour cela , on prendra huit ou neuf dixièmes de l'erreur en latitude, qu'on ajoutera à la différence en latitude estimée , ou qu'on en retranchera , selon qu'elle sera plus petite ou plus forte que la différence en latitude observée. Ensuite pour trouver le chemin corrigé , on fera cette proportion :

{
Différence en latitude estimée , augmentée ou diminuée,
est à la différ. en latit. observée,
comme la distance estimée.
est à la distance corrigée.
}

Faisant convenir sur le Quartier la distance corrigée , avec la différence en latitude observée, on aura le rumb de vent & les milles Est & Ouest corrigés : ces milles , réduits en lieues majeures

sur

fur le moyen parallèle , donneront la longitude d'arrivée corrigée.

Correction III.

388... Dans les routes intermédiaires, & dont la direction approche plus de 45°. que des lignes Nord & Sud, Eſt & Oueſt ; c'eſt-à-dire, dans les routes compriſes entre N-N-E & l'E-N-E , entre le N-N-O & l'O-N-O ; ou entre le S-S-E & l'E-S-E , entre le S-S-O & l'O-S-O, l'erreur en latitude étant senſée provenir du rumb & de la diſtance tout à-la-fois, on partagera cette erreur en deux parties , dont l'une ſera attribuée à la longueur du chemin , & l'autre au rumb de vent. La difficulté ne conſiſte donc que dans la manière de partager l'erreur totale entre les deux cauſes qui peuvent la produire. Pour nous guider dans cette recherche , voici les obſervations générales qu'on peut faire.

I.

389... Si l'on a des raiſons de croire que le rumb de vent & la diſtance ont été eſtimés trop petits, ayant reconnu par obſervation que l'erreur en latitude eſt par défaut, on attribuera à la diſtance un peu plus que l'erreur en latitude , & l'on donnera au rumb de vent l'excédent de cette quantité ſur l'erreur totale.

Si au contraire l'erreur en latitude eſt par excès , c'eſt au rumb de vent qu'il faut attribuer plus que l'erreur en latitude , & l'excédent à la mesure de la distance.

La raison de cette règle est évidente , si l'on fait attention que, la distance restant la même , on ne peut augmenter l'angle du rumb de vent , sans diminuer la différence en latitude , & réciproquement ; mais puisqu'on suppose , dans le premier cas , qu'il faut l'augmenter d'une certaine quantité , il faut donc que l'erreur commise sur la distance soit capable de produire non seulement l'erreur en latitude , mais encore la quantité dont cette erreur se trouve diminuée par l'angle du rumb de vent qu'on a estimé trop petit.

I I.

390... Si , au contraire , on a lieu de croire que le rumb de vent & la distance ont été estimés trop grands , & qu'on ait trouvé par observation que l'erreur en latitude est par défaut, on attribuera au rumb de vent plus que l'erreur en latitude , & l'excédant de cette quantité sur l'autre, à la distance ; mais si l'erreur en latitude est par excès , les deux autres quantités restant les mêmes , on fera le contraire de ce qui vient d'être prescrit.

En effet , plus l'angle du rumb de vent sera estimé trop grand , plus l'erreur en latitude péchera par défaut. Ce qui fait paroître encore cette erreur plus petite qu'elle ne seroit réellement , si elle ne dépendoit que du rumb de vent, c'est l'excès de la distance ; c'est cette partie de la route qui, ayant été estimée trop grande, contribue à diminuer l'erreur en latitude, provenant de la fausse estime du rumb de vent. C'est pour cette raison qu'on attribue au rumb de vent un peu plus que l'erreur en latitude, & qu'on ne fait tomber sur la distance que l'excédant de cette quantité sur l'autre.

I I I.

391.... Si on a lieu de croire que la distance peche par défaut, & le rumb de vent par ex cès ; puisqu'alors l'erreur faite sur chacun contribue à altérer la différence en latitude dans le même sens, on attribuera à chacun une partie de l'erreur en latitude, qu'on déterminera à l'aide des conjectures les plus plausibles qu'on pourra faire sur les circonstances de la route du vaisseau.

Nous allons éclaircir tout cela par des exemples.

E X E M P L E   P R E M I E R.

392 ... Etant parti de 21°. 10′ de latitude Sud, & de 50°. 50′ de longitude orientale de Paris, on a couru par estime 230 lieues au S-O 5°. O ; & ayant pris hauteur à la fin de cette route, on s'est trouvé par 23°. 50′ de latitude Sud : mais on a lieu de croire qu'on a fait un peu plus de chemin, & que le rumb de vent portoit plus à l'Ouest. On demande comment

R ij

on doit corriger la diftance & le rumb de vent,
pour les faire convenir avec la latitude obfervée.

On voit d'abord , par l'énoncé du Problême ,
que la diftance & le rumb de vent pechent par
défaut. Comparant enfuite la différence en latitude eftimée 2°. 28', avec l'obfervée 2°. 40',
on voit encore que l'excès de celle-ci fur l'autre , ou que l'erreur en latitude 12' eft auffi par
défaut : cet exemple tombe donc dans le premier
cas de la première obfervation (389) ; il faut
donc attribuer à la diftance un peu plus de 12',
& l'excédant au rumb de vent.

Je fuppofe que, d'après l'examen de ce qui a
pu occafionner l'erreur fur la diftance, on ne
puiffe pas attribuer plus de 20' à cette caufe ;
on aura donc 20' pour l'erreur en latitude due
à la route, & par conféquent 8', ou l'excédent
de 20' fur 12 pour celle du rumb de vent.

Pour exécuter cette correction fur le Quartier,
on ajoutera à la différence en latitude eftimée
les 20' attribuées à l'erreur de la diftance ; &
la faifant convenir ainfi augmentée avec le rumb
de vent, on aura 261 milles pour diftance corrigée. Avec cette diftance corrigée , & la différence en latitude obfervée , on trouvera de la
même manière que le rumb de vent corrigé eft
le S-O 7°. 15' Oueft. Enfin , avec la différence
en latitude obfervée & le rumb de vent corrigé,
on trouvera que la différence en longitude corrigée eft de 3°. 43' occidentale , & que la longitude d'arrivée corrigée eft de 47°. 7' orientale.

393... On aura toujours la distance & le rumb de vent corrigés, avec plus de précision, par le calcul des analogies suivantes.

$$\left\{ \begin{array}{l} \textit{Le co-finus du rumb de vent estimé 50°.} \\ \textit{est au rayon,} \\ \textit{comme la différence en latituae estimée & aug-} \\ \textit{\quad mentée 168',} \\ \textit{est à la distance corrigée 261', 3 de mille.} \end{array} \right.$$

$$\left\{ \begin{array}{l} \textit{Différence en latitude estimée, augmentée} \\ \textit{\quad 168'} \\ \textit{est à la différence en latitude observée 165';} \\ \textit{comme le co-finus du rumb de vent estime 50°.} \\ \textit{est au co-finus du rumb de vent corrigé 52°. 16'} \\ = S\text{-}O, 7°. 16' O. \end{array} \right.$$

Exemple II.

394.. Etant parti de 33°. 30' de latitude Nord, & de 19°. 25' de longitude occidentale de Paris, on a couru 150 lieues au N E$\frac{1}{4}$O 1°. Nord ; & ayant observé la latitude à la fin de la route, on s'est trouvé par 40°. 12' de latitude Nord : mais, examen fait des circonstances de la route, on a tout lieu de croire que le rumb de vent & la distance péchent par excès ; c'est-à-dire, qu'on a estimé la route trop à l'Est, & qu'on n'a pas fait autant de chemin qu'on le croit, d'après le témoignage du lock. Comment faut-il s'y prendre pour corriger le rumb & la diſtance , afin de faire convenir l'un & l'autre avec la latitude d'arrivée obſervée ?

En examinant l'état de la queſtion & le calcul de la route eſtimée , on voit que cet exemple tombe dans le premier cas de la ſeconde obſervation (390), parce que le rumb & la diſtance péchent par excès , & que l'erreur en latitude eſt par défaut ; car ſi l'on compare la différence en latitude eſtimée 6°. 18′ , avec la différence en latitude obſervée 6°. 42′ , on trouvera que la première eſt plus petite que la ſeconde de 24′. Pour faire la Correction de cette route , on doit donc attribuer plus de 24′ au rumb de vent , & l'excès de cette quantité ſur l'autre, à la longueur de la route.

Suppoſons que , tout bien examiné , on ne puiſſe pas attribuer plus de 30′ au rumb de vent ; alors l'excédent de 30′ ſur 24 ſera toute la quantité qu'il faut attribuer à l'erreur ſur la diſtance.

En opérant ſur le Quartier , on ſe conduira comme dans l'exemple précédent ; on fera convenir la différence en latitude eſtimée , diminuée de 6′, puiſque la diſtance eſt eſtimée trop grande , avec le rumb de vent eſtimé , & l'on aura 442 , 3 de mille $=$ 147 , 4 de lieue, pour la diſtance corrigée.

Avec cette diſtance ainſi corrigée , & la différence en latitude obſervée , on trouvera de la même manière que le rumb de vent corrigé eſt le N-N E 2°. 10′ Eſt. Enfin avec la différence en latitude obſervée , & le rumb de vent corrigé , on aura 3°. 50′ pour la différence en longitude corrigée & réduite , & 15°. 35′ pour la longitude d'arrivée corrigée.

395... Pour faire ces Corrections par le calcul , on se servira des mêmes analogies que dans l'exemple précédent , avec cette différence, qu'au lieu d'augmenter la différence en latitude estimée , il faudra la diminuer de 6′ ; parce que la distance a été estimée pêcher par excès.

Co-s. du rumb de vent 32°. 45′ === N-E¼N.
   1°. Nord

est au Rayon ,

comme la différence en latit. estimée , diminuée ,
   6°. 12′ === 372′

est à la dist. corrigée 442 , 3 === 147, 4 de lieue.

Différence en latitude estimée , diminuée , 372′ ,

est à la différence en latitude observée 6°. 42′
   === 402′ ,

comme co-s. du rumb de vent estimé 32°. 45′

est au co-s. du rumb de vent corrigé 27°. 5′ ===
   N-E¼N. 6°. 40′ Nord.

EXEMPLE III.

396... Etant parti de 14°. 25′ de latitude Sud , & de 9° 40′ de longitude occidentale de Paris, on a fait 170 lieues au S E 3°. Sud ; & ayant observé , à la fin de la route , la hauteur méridionale du soleil , on s'est trouvé par 20°. 23′ de latitude méridionale ; mais, d'après l'exa-

men des circonſtances de la route, on préſume
que la diſtance doit pécher par excès & le rumb
de vent par défaut. On demande comment on
doit corriger l'un & l'autre, afin de les faire
convenir avec la latitude obſervée.

Le calcul de la route, d'après l'eſtime, me
donne 6°. 19′ pour différence en latitude, &
celle que me fournit l'obſervation eſt de 5ᵁ.
58′, plus foible que l'eſtimée de 21′. L'erreur
en latitude eſt donc par excès : mais, après avoir
examiné tous les élémens de la route, on pré-
fume que la diſtance péche par excès, & le
rumb de vent par défaut ; c'eſt-à-dire, que, puiſque la direction de la route approche de 45°,
ces deux erreurs, quoique de différente eſpèce,
contribuent néanmoins à altérer la latitude dans
le même ſens : on eſt donc dans le cas de la
troiſième obſervation (391).

397... Suppoſons maintenant que rien ne
détermine à attribuer l'erreur en latitude, plutôt à la diſtance qu'au rumb de vent ; dans
ce cas, quoique je ne puiſſe pas ſoupçonner
l'un plus que l'autre, j'attribuerai cependant
un peu plus à la diſtance qu'au rumb de vent,
uniquement à cauſe de l'imperfection & de
l'inſuffiſance du lok, pour meſurer le ſillage du
navire. Il n'en ſeroit pas de même, ſi l'on faiſoit
uſage du ſillomètre. L'erreur en latitude étant
de 21′, j'en attribue donc 12′ à la diſtance,
& 9′ au rumb de vent. Enſuite je cherche, &
ſur le Quartier de réduction & par le calcul,
comme dans les exemples précédents, l'erreur

de la route & celle du rumb de vent, qui ont
pu produire 12', plus 9' d'erreur fur la latitude;
& je trouve 493', 8 = 164, 6 de lieue pour
la route corrigée, & 43°. 34' = S-E 1°. 26'
Sud, pour le rumb de vent corrigé; c'eſt à-dire,
que, ſi la route n'avoit été eſtimée que de 164,
6 de lieue, l'erreur en latitude n'auroit été que
de 9' par excès; & que ſi l'angle du rumb de
vent avoit été eſtimé de 43°. 34', ces 9' d'erreur venant à diſparoître, la latitude eſtimée
auroit alors convenu avec l'obſervée.

Enfin, continuant l'opération, on trouve fur
le Quartier 3°. 42' 24" pour longitude d'arrivée
corrigée; tandis que par le calcul on a 3°. 43'
24".

C'eſt-là le point où il eſt plauſible de croire
qu'on eſt arrivé; car il s'en faut de beaucoup qu'on
puiſſe le regarder comme abſolument ſûr, quelque attention qu'on ait eue à bien faire les Corrections indiquées ci-deſſus; prace que ces Corrections, n'étant que des à-peu près, ne peuvent
ſuppléer que foiblement à la connoiſſance des
longitudes, tirée de l'obſervation immédiate des
Aſtres.

398 ... *Solution Trigonométrique.*

{
Co-ſinus du rumb de vent eſtimé 42°.
   eſt au rayon,
comme la différence en latitude eſtimée, dimi-
   nuée 6°. 7' = 367'.
eſt à la longueur de la route corrigee 493, 8
   = 164, 6 *de lieue.*
}

La différence en latitude estimée, diminuée
$= 367'$
est à la différence en latitude observée $5^{\circ}. 58'$
$= 358'$,
comme le co-sinus du rumb estimé 42°.
est au co-sinus du rumb de vent corrigé $43^{\circ}. 34'$
$= $ S-E $1^{\circ}. 26'$ Sud.

Le rayon ou tangente de 45°.
est à la tangente du rumb de vent corrigé
$43^{\circ}. 34'$,
comme la différence des latitudes croissantes
$= 375'$,
est à la différence en longitude corrigée $356', 6$
$= 5^{\circ}. 56' 36''$.

FIN de la premiere Partie.

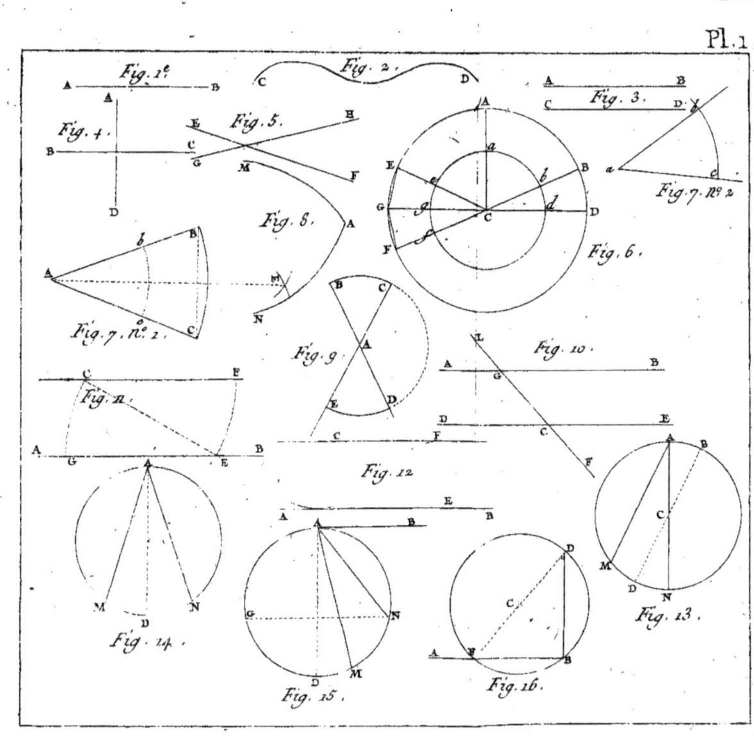

Fig. 1.
Fig. 2.
Fig. 3.
Fig. 4.
Fig. 5.
Fig. 6.
Fig. 7. n.º 2
Fig. 7. n.º 1
Fig. 8.
Fig. 9.
Fig. 10.
Fig. 11.
Fig. 12.
Fig. 13.
Fig. 14.
Fig. 15.
Fig. 16.

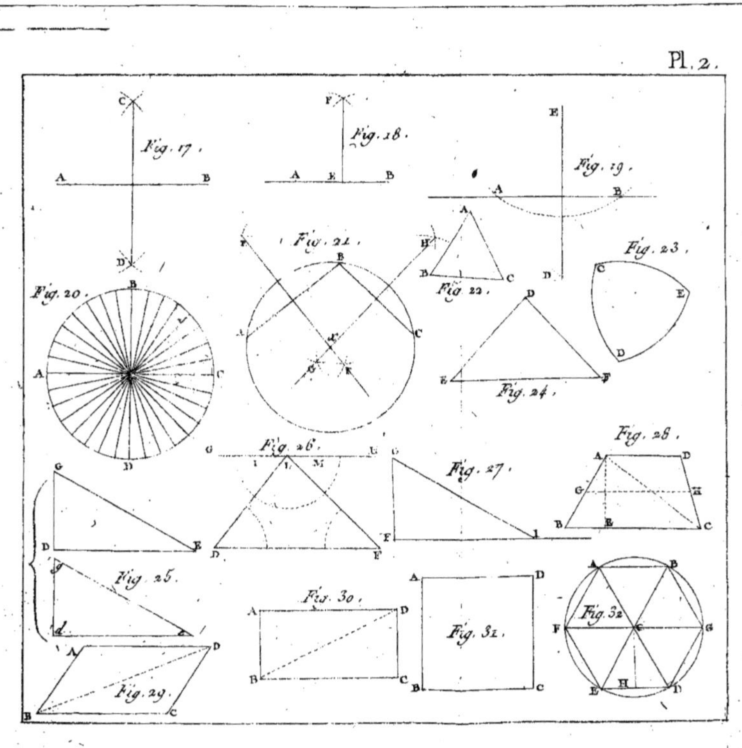

Pl. 2.
Fig. 17.
Fig. 18.
Fig. 19.
Fig. 20.
Fig. 21.
Fig. 22.
Fig. 23.
Fig. 24.
Fig. 25.
Fig. 26.
Fig. 27.
Fig. 28.
Fig. 29.
Fig. 30.
Fig. 31.
Fig. 32.

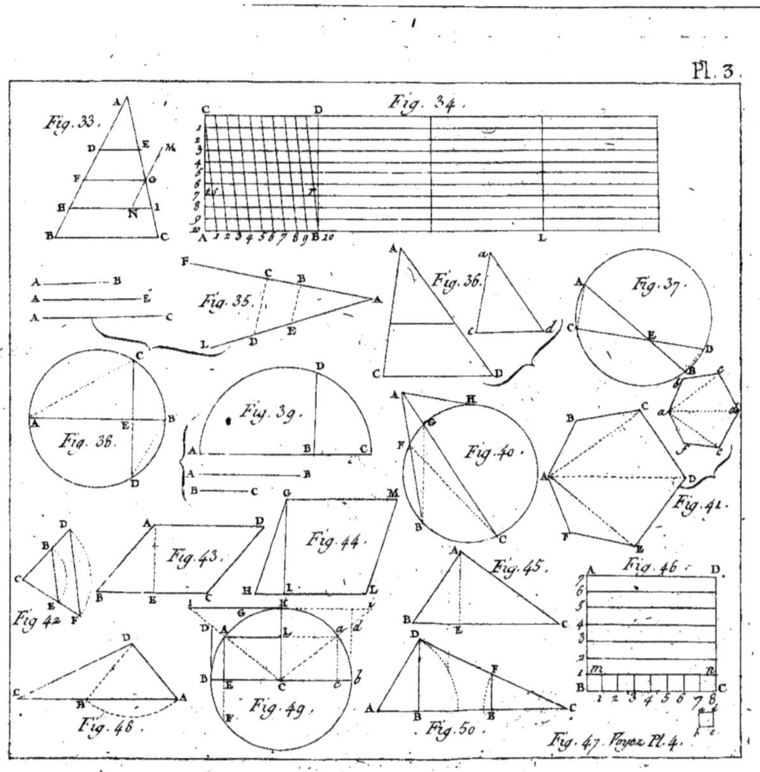

Fig. 33.
Fig. 34.
Fig. 35.
Fig. 36.
Fig. 37.
Fig. 38.
Fig. 39.
Fig. 40.
Fig. 41.
Fig. 42.
Fig. 43.
Fig. 44.
Fig. 45.
Fig. 46.
Fig. 47. Voyez Pl. 4.
Fig. 48.
Fig. 49.
Fig. 50.

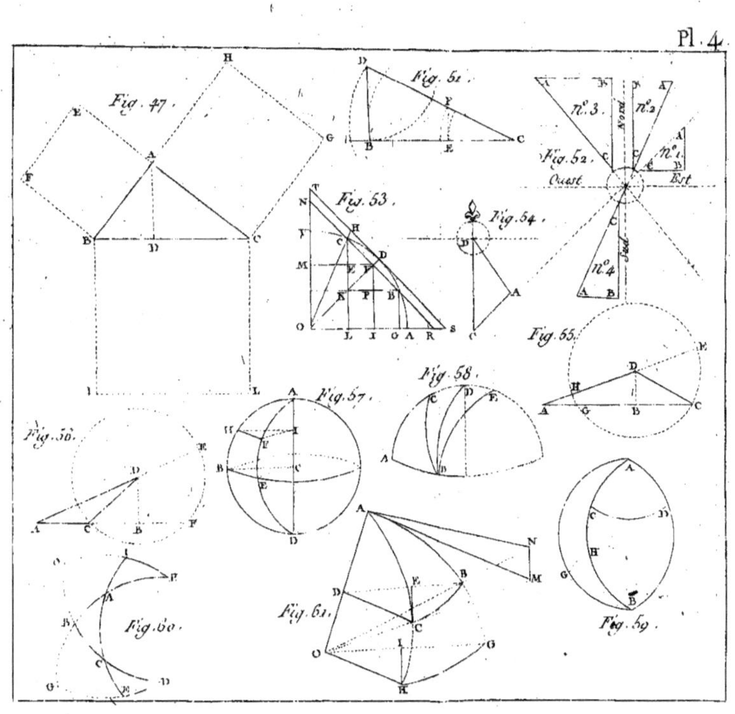
Fig. 47.
Fig. 51.
Fig. 52.
Fig. 53.
Fig. 54.
Fig. 55.
Fig. 56.
Fig. 57.
Fig. 58.
Fig. 59.
Fig. 60.
Fig. 61.
n.° 1.
n.° 2.
n.° 3.
n.° 4.
Nord
Sud
Ouest
Est

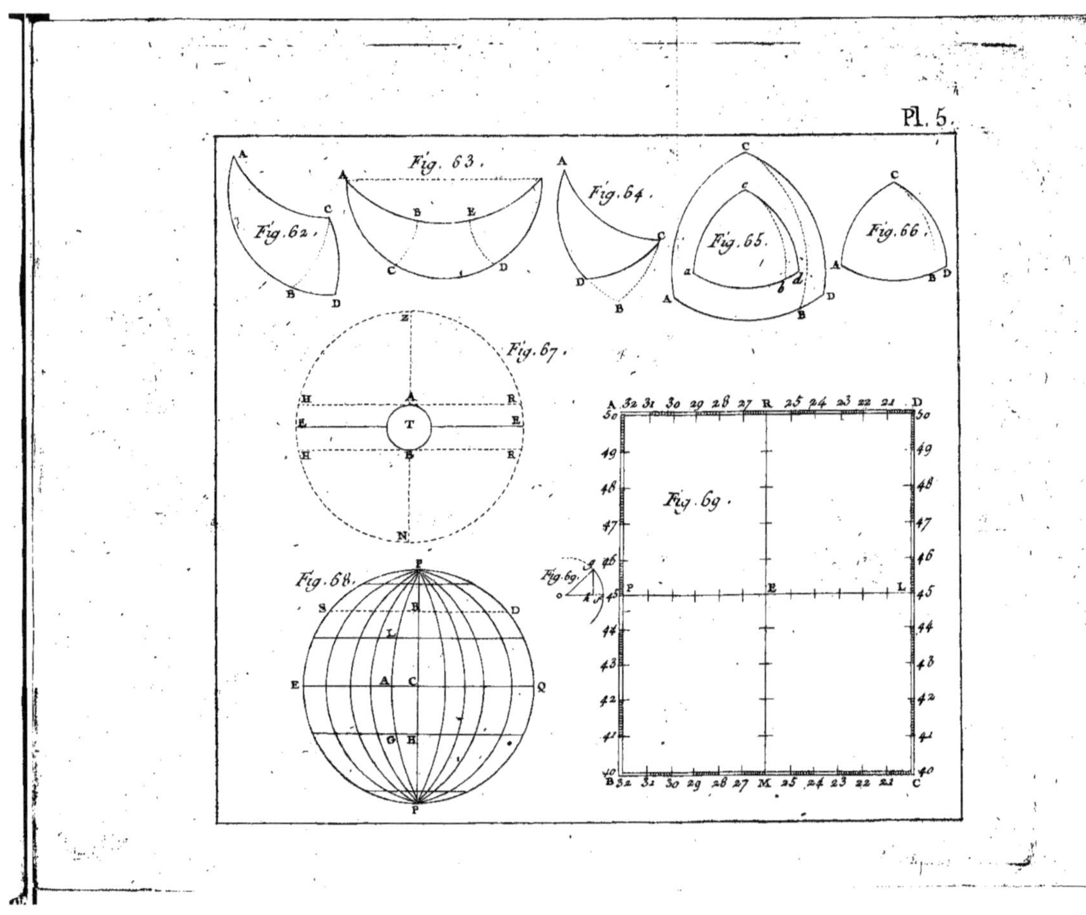
Fig. 62.
Fig. 63.
Fig. 64.
Fig. 65.
Fig. 66.
Fig. 67.
Fig. 68.
Fig. 69.

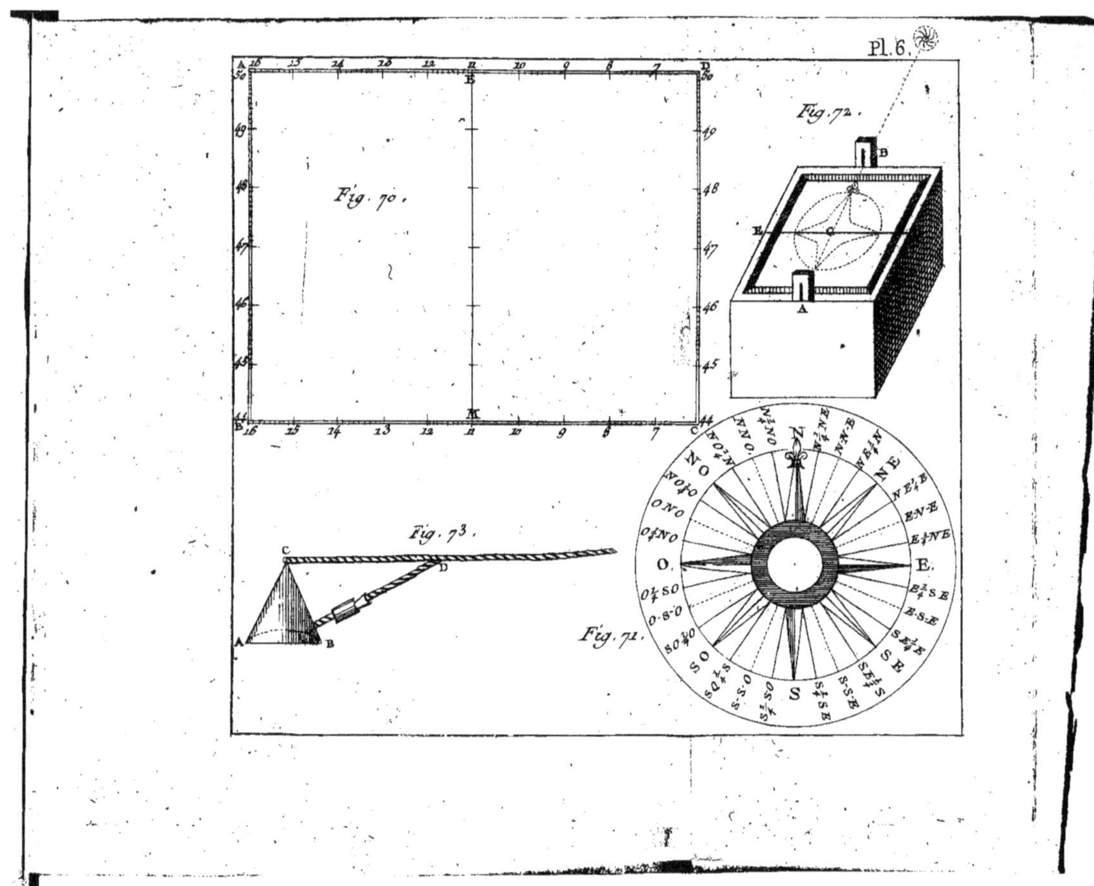
Fig. 70.
Fig. 72.
Fig. 73.
Fig. 71.

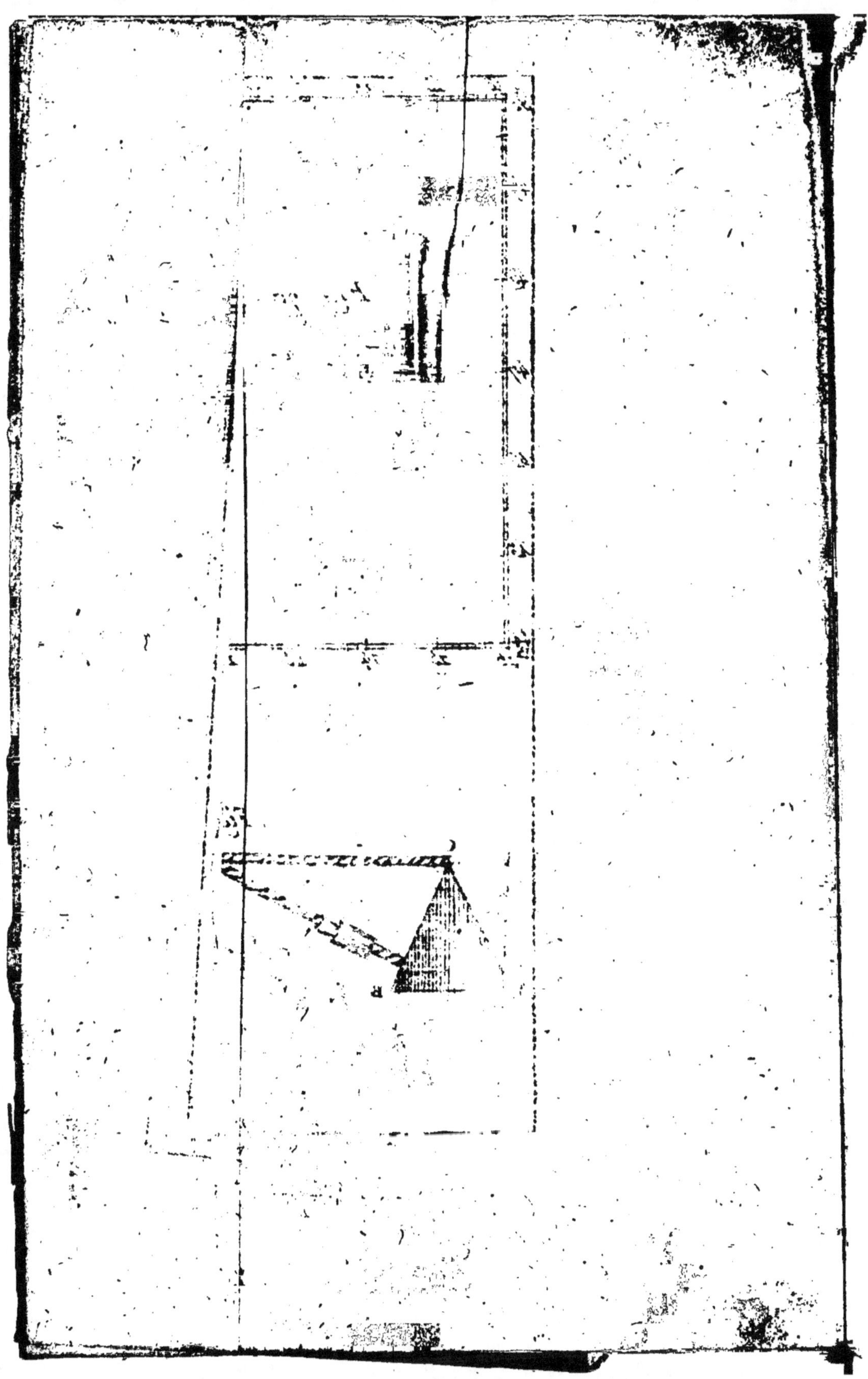

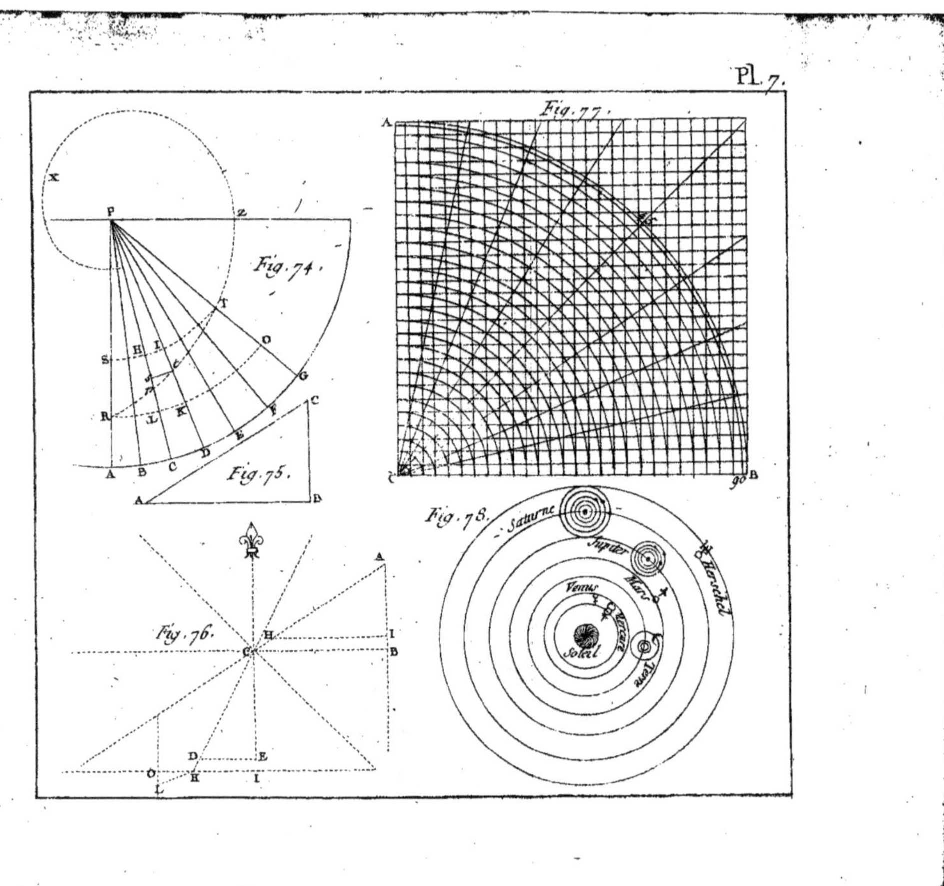
Fig. 74.
x
P
z
S
R
T
O
H I
L K
A B C D E F G
Fig. 75.
C
A B
Fig. 76.
A
H I
B
C
D E
O H I
L
Fig. 77.
A
B
90
Fig. 78.
Saturne
Jupiter
Herschel
Mars
Venus
Mercure
Soleil
Lune